協働知創造の
レジリエンス
隙間をデザイン
Collaborative Knowledge Creation based Resilience

清水美香 著
Mika Shimizu

山口和也 写真・絵
Kazuya Yamaguchi

万華鏡のような言葉、レジリエンス

あらゆることに向き合うことへの道しるべ

点と点を結び

線に変え

隙間に多様なチャネルから新しい仕組みを創る

協働でデザイン

コミュニケーションを通して伝える

ダイナミックな変化の中で

木を見て森も見て

枠を超えて働き、知を繋ぐ

再構築、再創造

● 目 次 ●

序章　「協働知創造のレジリエンス」への序奏―― *1*

Ⅰ部　点から線へ

1章　「レジリエンス」を紐解き、組み立てる―― *30*
1. 「気づき」から紐解く―― *30*
2. 「キーワード」から紐解く―― *36*
3. 「レジリエンス」を組み立てる―― *53*

2章　現代リスク社会―― *60*
1. ダイナミックな変化―― *60*
2. アジア・日本の視点から読み解く―― *66*
3. 現代リスク社会とレジリエンスの関係―― *76*

3章　萌芽と隙間―― *84*
1. 世界の現場から―― *84*
2. 多様な学問研究から―― *99*
3. 萌芽と隙間―― *109*

II部　境界線

4章　東北における協働知創造レジリエンス―――124
- 1. 東北の復興プロセスに見るレジリエンス―――124
- 2. コミュニティの復興活動からレジリエンス創りへ―――135
- 3. 被災地に見る境界線―――146

5章　ニューヨークにおける協働知創造レジリエンス―――163
- 1. イノベーティブプログラムに見るレジリエンス―――163
- 2. コミュニティの復興活動からレジリエンス創りへ―――172
- 3. 被災地に見る境界線―――181

III部　木を見て森も見て

6章　協働知レジリエンスのデザイン―――202
- 1. プログラム・デザイン枠組み―――202
- 2. プログラム・デザインツール―――209
- 3. 現代リスク社会に焦点を当てて―――214

7章　東日本大震災の教訓から―――220
- 1. 「災害マネジメントと公共政策」とレジリエンス―――220
- 2. レジリエンスの視点から見た隙間―――226
- 3. より良い現代リスク社会対応に向けて―――238

8章　政策システムとレジリエンス———242

　1.「森」と「木」の視点から———242

　2. 政策システムにおける隙間———250

　3. 協働知創造レジリエンスのための政策システム———261

結びにかえて：協働知創造のレジリエンスに向けて———274

注釈———283

あとがき———285

"レジリエンス"の再構築へ：推薦の辞———291

この本に掲載されている絵や写真は、
様々なコミュニケーションを介した創作活動を行うアーティストの
山口和也が、東北やニューヨークの被災地へ赴き、現地に身を置くことによって
生まれた衝動によって描き、または撮影したものである。

序章　「協働知創造のレジリエンス」への序奏

● 想像力

　この本で扱う「レジリエンス（resilience）」のイメージとして私が想起することの1つに、東日本大震災後に国際的にも広く知られるようになった陸前高田市の「奇跡の一本松」があります。かつて約7万本とも言われる松が広がっていた松原に東日本大震災による津波被害で唯一生き残り、保存された1本の松。この木の前に立ってまず思い浮かぶことは、苦境の中で1本だけ生き残った松の打たれ強さでしょうか。ただそれに留まることはありません。次にイメージすることは、この1本だけ残った松の木をどのように木々に繋げ、森にできるかということ。単に木の数をどのように増やすかということだけでなく、1本1本の木（詳細）を見ながら森（全体）をどのように描くか、目の前の「点」だけではなく、どのようにその点と点を結び今を未来に繋げる線を描くか、そのような問いへとイメージが膨らみます。

　そのような問いをもち続けているうちに、次のような言葉と出会いました。

> 本物の森とは、親分になる高木（沿岸部ではタブノキ）、子分となる亜高木（ヤブツバキやシロダモなど）、さらにマサキ、ヤツデ、ヒサカキなどの低木がみなそろい、競い、支えあって共存する森である。[1]

　この言葉は、木が森になるためのヒントをくれているように思います。つまり、多様な木々が競い支えあい共存することを可能にする繋がり、プロセスが鍵になるのではないかということ。

　レジリエンス、なんだか難しそうだ、遠い世界だと思われる読者もいらっしゃるかもしれません。しかし、しっかり向き合ってみると、そうではないことに気づいていただけると思います。私はこのテー

マについて、国内外で学生からあらゆる専門家まで様々な方とお話させていただきますが、専門性や年代に関わらず、自分の周りにある枠を一旦脱ぎ捨てて聞いてくださる方とコミュニケーションできることが多いと感じています。レジリエンスに「1つの解」はありません。ただ、レジリエンスを紐解いていくと、至るところで「気づき」が得られます。日常凝り固まりがちな頭から一旦離れ、この本をもって一緒にレジリエンスの思考の旅に出かけませんか。その旅に1つだけもってきていただきたいもの、それは想像力です。

●　「レジリエンス」

　2011年3月東日本大震災以降、「レジリエンス」、またはその訳語が日本でも幅広く使われるようになりました。その言葉は、個人、コミュニティ、社会、経済、政治の様々な場面で日常的に見聞きされます。その中で2013年12月には、安倍内閣において「強くしなやかな国民生活の実現を図るための防災・減災等に資する国土強靭化基本法」が制定されました。また東京オリンピック開催が決まった次の日には、新聞紙上で「しなやかな社会を」と謳われました。しかし、レジリエンスは本質的に何を意味するのでしょうか？　今日その言葉に内在する本質は未だほとんど熟知されていないままで、はやり言葉に終始しがちです。世界に目を向けてみても、あらゆる政府機関や、国際機関、様々な分野の学者、さらにメディアも企業も、レジリエンスという言葉を様々な場面で用いる傾向にあります。しかも、そこにはレジリエンスを深く読み取っているものもあれば、そうでないものもあり玉石混交。そうであるがゆえに、レジリエンスは、なんでもありなのではないか、カッコだけではと誤解されることも大いにあります。

　この本は、はやり言葉に追随するものではありません。私自身がレジリエンスという言葉に出会ったのは、米国ワシントンDCに在住していた頃。2001年9月11日、同時多発テロを目のあたりに

した時に遡ります。その後レジリエンスという言葉のもつ意味を問い続け、それをいつの間にか研究テーマにするようになり、レジリエンスという視点を通して様々なダイナミックに変化する環境、リスク、社会を見る中で、レジリエンスの中に秘められる意味の深さ、それが私達1人1人にまた社会に大事な視点を提供する可能性を見出すようになりました。レジリエンスの本質を見据えることによって、そうしたダイナミックな変化にどう対応し、問題解決方向に向けた社会イノベーションにどのように繋げていくのかについてヒントが得られる、またはレジリエンスはそうした問いへの羅針盤となる可能性を秘めています。本書がレジリエンスと向き合う原点はここにあります。

　ただし、レジリエンスの詳細を知れば自動的に何かが見えてくるかといえば、そんなに簡単なものでもありません。レジリエンスを深く理解し、レジリエンスを問題解決志向のアプローチに繋げるためには、今起きている社会の変化を自分のこととしてだけでなく、次世代の、未来社会の問題として捉える視点をもって、様々な社会の問題の繋がりに気づきをもっていただくこと、そしてそれに関連する今ある取り組みを大切にしながらも、必要であれば、既存の枠を取り払って問題解決に結びつけようという意思をもっていただくことが大前提になります。その意味で、レジリエンスを活かすのもダメにするのも、担い手の想像力にかかってくるといえるでしょうか。

　一般的に「レジリエンス」は、日本語で回復力、強靭化、しなやかさ、とも訳されることがあります。レジリエンスは英語一言で「capacity to recover」と解されることが多く（ただし様々な定義が存在、それについては後述）、その意味で回復力の訳は間違っていませんし、強靭化も、しなやかさもレジリエンスの一端を表現しています。しかし、どれも全体像を表現しきれていません。私はレジリエンスと長年向き合いながら、様々な訳語を考え悩んだ末、レジリエンスのもつ本質を突いた訳語を当てるのはやはり難しいと

いう結論に至りました。なぜなら、レジリエンスの中に秘められた言葉の本質を表すには、回復する状態、強くしなやかであるという「状態表現」だけでは不十分だからです。レジリエンスに絡まった様々な要素を解きほぐしていくと、レジリエンスは、現代リスク社会を乗り越えていくために不可欠な様々な示唆を与えてくれます。ばらばらな点と点をどう結び、どう線を描くかという点へのヒントを示し、今ある社会のシステムの中の「隙間」を見つけ、その隙間にどう新しいデザインを施していくのかという問いに対して、幾つもの道筋と選択肢へと導きます。それが問題解決志向のアプローチへの可能性に繋がります。1つの訳語ではこうした要素を表現しきれないため、カタカナを使うことは批判されるであろうことを覚悟で、本書では「レジリエンス」を使います。

　そもそもレジリエンスは、特定の学問分野や専門分野に終始するものではありません。言葉の起源は紀元前に遡り、レジリエンスを扱う学問は、心理学、生態学、社会学、経済学、工学、物理学、環境学、防災学、政治学、公共政策分野まで多岐にわたります。どの学問においても、簡単には類似の定義（回復力など）がなされますが、レジリエンスが何の、どの時点の、どの状態を示すのかについて定義は様々存在します。本書と関連の深い防災分野での代表的な定義として、国連国際防災戦略（United Nations International Strategy for Disaster Reduction）（UNISDR, 2004）による『兵庫行動枠組み（Hyogo Framework of Action）（HFA）2005-2015』では、「危険に晒されたシステムやコミュニティおよび社会がその影響を受けながらも抵抗し、あるいはそれをうまく吸収・管理しながら、早急かつ効果的に回復する力」と定義されています。

　しかし、これだけでは、まだまだ「状態表現」の域から抜け出すことができません。本書では、上記の定義を基礎としながらも、より深くレジリエンスを捉え、学問枠を超えてレジリエンスに関わる主な考え方、アプローチから引き出されるものを集約して、そこ

から絞り出されるエッセンスを抽出し、それを体系的に組み立てることによって、様々なケースに応用できるレジリエンスの根幹になるものを提供します。ここで思考面に留まらず、実際に社会やコミュニティの中の仕組み創りや、または問題解決志向のプログラムに適用することを重視しています。レジリエンスを完璧に具体化したモデルはなかなかありませんが、そのレジリエンスの根幹に触れるような実際の取り組みや、そこに関わる可能性や課題をじっくり見ていきます。東日本大震災を経験した東北の被災地とハリケーン"Sandy"を経験したアメリカのニューヨーク市については、特別にスポットライトを当てています。こうしたことを踏まえて、散在する経験・知識・システムの俯瞰をベースにして、知と知、人と人、システムとシステムを繋げながら協働知を共に創り上げていくプロセスを通して引き出されるレジリエンス、「協働知創造のレジリエンス」を提案したいと思います。

　なお念のため予めお伝えしておきたいこと。本書は、他で見られるようなインフラ強化論でもなければ、政府主導論でも、地方分権論でもありません。本書は、ダイナミックに変化する現代リスク社会に対応するために、レジリエンスを育み、強化し、築いていく社会、つまりレジリエントな（resilient）社会を創っていくために、未来の社会創りに何らかの形で関わろうとする人々に参考にしていただきたい本です。もう少し詳しいことについて次にお話ししていきましょう。

● 「現代リスク社会」に向き合う

　そもそもなぜ本書がレジリエンスを重視するかは、現代リスク社会におけるダイナミックな環境の変化と関係しています。2章で詳しく述べますように、私達を取り巻く社会は、グローバル化、都市化、気候変動、災害、世界高齢化などを含めて、ダイナミックな環境変化に直面しており、しかもその変化は極めて速く、複雑で、

様々な要素が絡みあっていることが特徴的です。それゆえに、不確実性も益々増大しています。このため、人々の生活や様々な社会を支えているセクターへの影響も同様に、複雑にかつ深くなります。東日本大震災は、その複雑で不確実性を伴う現代リスク社会の一端を露呈したものといえます。地震、津波、原子力発電の問題といういわゆる複合災害という側面だけでなく、短・中・長期にわたって様々な影響をもたらすという点でも、現代リスク社会の特徴と大きく重なります。

　現代リスク社会をもう少し具体的に見ると次のようになります。まずは自然に伴うリスクは個別ではなく、複合連鎖化する傾向にあります（詳細は2章）。さらには、私達の住む社会経済リスクが大きく変化しています。特にグローバルに広がる人口移動、高齢化、都市化、沿岸部の人口密集化など、様々なリスクが連鎖し、その状況は変化し続けています。こうした中で、自然災害が起きたときの影響は、社会経済リスクと大きく絡みあって、多面的で広大で深い影響を社会に、人々にもたらす傾向にあります。その影響は、短・中・長期的に及び、しかも、極めて複雑であるがゆえに不確実性も増し、個別領域の、個別の主体によるアプローチだけでは、この状況に向き合っていくことはなかなか難しい状況が生まれています。

　このように様々なリスクが単独ではなく、自然・社会経済リスクが複合的に連鎖することによって、社会全体に及ぼされる影響も次々に連鎖しています。そのダイナミックな変化に伴って、まち創りから、コミュニティ、組織、社会、国創りに至るまで、その持続可能性を見据えたデザインの在り方について、私達は大きな課題に直面しています。

　従来にも分野別リスクや災害分野で培われてきた優れたシステム、手法、アプローチは数多くあります。しかし、本書の問題意識は、現代リスク社会がこれまでにない様相で変化し続け、例えば20年前までには想像されなかったような、極めて複雑で不透明な状

況にあるからこそ、これまでと同じシステム、手法、アプローチだけでそのリスク社会を乗り越えられるかというポイントにあります。

　こうした現実に向き合うために、本書ではレジリエンスに内包される要素を中心にして、そこから引き出される手法、アプローチを通して、現代リスク社会に突破口を開くための、社会イノベーションへの可能性を探ります。

● 「協働知創造のレジリエンス」アプローチ
　　～点と線と「隙間」の関係～

　レジリエンスの根底には学び続けることが基本にあるため、レジリエンスの思考軸も、実践アプローチも常に磨き続けることが求められます。実際、私も日常生活の中で、専門枠や、実務・学術領域を超えた国内外の人々との話し合いや、様々な社会問題のケースや仕組みを通して学ぶことから、本書で紹介するようなレジリエンスの根幹に関わる考え方を磨き続けてきました。

　このため、他の確立された学問のように、確立された定義、理論、応用といったイメージのまま、この本を読んでいただくと、大分違うなと思われると思います。上述のようにダイナミックに変化する複雑な現代リスク社会の特徴を直視すれば、どんなに優れたシステムやアイデアでも、1つの視点や方法や1人の優れたリーダーだけでは、問題の解決には結びつかないのは明らかです。そういう意味で、近年、協業、連携、異分野融合といった言葉をよく耳にするのは、社会の自然な流れでしょう。本書のレジリエンスは、そういった傾向とも重なります。一方こうした言葉は浮遊しがちで、具体的に組み立て、形にして、行動に移していくことは容易ではありません。本書はレジリエンスを生活の中で、実際の社会の中での仕組み創りに活かすことにこだわります。

　特に、今起きている、そして私達の未来に関わる現代リスク社会におけるダイナミックな環境変化を踏まえると、その絶えず変

化する環境の中での具体的な形づくりの難しさは並大抵ではありません。だからこそ、本書では、協働による知を生みだすプロセスを通して引き出されるレジリエンス、つまり「協働知創造のレジリエンス」のアプローチを通して、この課題に向き合っていきます。今はばらばらにある点を線で結び、個々の社会システムの詳細（木）と全体（森）をじっくり見つめ、変化する社会とどのように向き合っていくか、その問題解決方向性を探ることに焦点を当てています。

　より具体的には、レジリエンスに内在する要素に基づいて、社会の中で散在しがちな情報や知識または組織や専門性といった「点」と「点」をあらゆる方向から結ぶこと、つまり「線」として捉えることを重視しています。こうした「点」から「線」に変える作業は、個人の「気づき」からはじめることができます。さらに社会の中の個々のシステム（木）の詳細を見ると同時に、木と木の「間」の関係性を見直しながら、木々全体を見渡す「森」の視点も大切にしています。

　さらに解き明かすと、それぞれの社会システム（木）の中、あるいは木と木の間にある「隙間」（英語でいう"gap"）を見つけ、その「隙間」に対し、様々なチャネルから従来のアプローチに留まらない協働知による仕組みをデザインし、そうしたプロセスを通して「隙間」を小さくすることを念頭に置いています。つまり、「隙間」に多様な人・組織が協働知による多様な仕組みをデザインし、創っていくことで、隙間が網目のように「メッシュ」状になり、その結果隙間は小さくなっていく、そのようなイメージです。

上で述べたことも含めて、レジリエンスに内包している要素をとして以下を挙げることができます。

> **レジリエンスに内包する要素**
> - 「点」から「線」へ
> - 「木を見て森も見る」
> - システム × デザイン × マネジメント思考
> - 継続的学習 × 評価 × 一貫性
> - 適応、イノベーション
> - 「繋がり」（リンケージ）×「プロセス」

この要素の詳細は1章で述べますが、このリストにある「プロセス」について特記しておきたいと思います。レジリエンスは「結果」か「プロセス」かについても、専門家の間でも意見が分かれます。結果を重視する専門家は、「どの時点まで回復したか」を測ることに関心を寄せます。実際レジリエンス研究の中には、「物理的レジリエンス」、「経済レジリエンス」、「社会レジリエンス」、「コミュニティレジリエンス」などがあり、物理的レジリエンスといえば、例えば、災害時のある建物の耐性がどれだけあるかといったことを測ったり、経済レジリエンスでは、ある産業のあるサービスが災害後どれだけ災害前の売り上げ状況まで戻るかといったことを測ったりします。こうしたレジリエンスに焦点を当てる場合は、「結果」重視とおっしゃる専門家の見方も理解できます。

しかし本書は、上述のように、ダイナミックな環境変化または複合連鎖リスクから、人々の生活をどのように守り、それを守れる人・社会をどのように創るかに焦点を当てています。その意味で、上記の区別をもし当てはめるとすれば、ここでのレジリエンスは、社会レジリエンス、コミュニティレジリエンスに近いといえます（ただし、

本書全体を見ていただいて分かるように、この枠内に必ずしもおさまるものではありません）。言い換えると、本書はレジリエンスをどのように育むことができるか、強化することができるか、築くことができるかを最も重視するため、レジリエンスは「プロセス」の中で組み入れられるもの、創られるものと捉えられます。この点がずれると、レジリエンスは全く意味の違うものになってしまいます。なぜなら、レジリエンスを「結果」として考えると、それは、ある1点の箇所の、ある一時点のレジリエンスについて話していることになり、本書がここで重視するような、多角的な面から、「点を線に変えて」、「木を見て森も見て」、ダイナミックなリスク社会に向き合おうというアプローチとは、異なるからです。

● 身近な「気づき」から

　本書では専門用語、アカデミックな用語が幾つもでてくるかもしれませんが、できる限り分かりやすく、身近な例を挙げながら述べていきたいと思います。幸いなことに、レジリエンスについて専門家の間でも意見が分かれ、混沌としている状況にあることでも、個人を例にとると意外にヒントが出てくることがあります。身の回りの身近な「気づき」が、レジリエンスへの理解を深めていくきっかけになります。ここで分かりやすく、しかも本書の根幹にも関わる例をまず2つほど挙げてみます。

　私達は誰もが、それぞれの目標をもち、こうなればいいな、こうでありたいという希望をもって生きています。それでも、不意に何かが起こったり、せっかく立てた目標や計画がうまくいかなかったりすることも多くあります。そして、色々な人々が様々な考えや気持ちをもっている分、良くも悪くも色々な人間関係があり、そこからストレスや不和が生まれることもありますし、逆に思わぬ嬉しい出会いがある場合もあります。つまり、自分の「想定外」なことは、日常茶飯事に起きています。

そんな中、「こうでなければならない」、「こうなるべきだ」という思いが頑なであればあるほど、悪い意味での想定外のこと、つまりストレス、不和が起きたとき、人は崩れやすくなります。悲観視することが余計に悪い結果をもたらし、周囲の人まで悲しい思いをさせることがあります。逆に、何か悪いことがあっても、柔軟に物事を捉え、異なる見方や、異なる考え方を吸収しながら、次に活かそうという人は、レジリエントな人といえるでしょう。そして後者の人の多くの場合は、人間関係や人との絆を大切にし、社会と繋がりながら、自分を見つめている人ではないでしょうか。つまり、自分のコアとなるものはしっかりともちながら、人や社会と繋がりながら、どんなことが起きてもできる限りの努力をし、後は自然に任せられる心と頭の持ち主ではないでしょうか。

同じことが、防災や社会にも当てはまります。ガチガチな対応策、組織別の頑ななアプローチでは、一旦何かが起きたときに、すぐ崩れてしまいます。自ら設定した想定を超える「想定外」のことが起きたら、それで終わり、お手上げ状態にもなりかねません。そして、様々な人や組織、情報などがうまく連携されず、ばらばらな状態で教訓を活かさず、次に似たような事態が起きても、同じ失敗を繰り返し、あるいは最悪のことが起きて、悪いサイクルにはまりかねません。だからこそ、社会を支える様々なシステムが「レジリエンス」の状態にあること、つまりシステムにレジリエンスの要素が組み入れられている（built-in）ことは、大災害に直面したとき大きくものを言います。

もうひとつ例に挙げると、レジリエンスの反対語は、「脆弱性」（英語でいう vulnerability）か、つまり、平たくいえば「弱い」ことかという議論があります。レジリエンスに関わる専門家の間でも、今でも大議論になっていることですが、私がある専門家とこの点について話していてふと気づいたことがあります。例えば、お年寄りと若者では、お年寄りが弱くて、若者にレジリエンスがある、お年寄りにはレジリエンスがない、といえるのかどうか。年齢だけで測

れば、若ければ体力もあるし、素早く動け、柔軟に物事を考えられやすい。そういう意味では、若いほうがレジリエンスがあるといえるかもしれません。しかし、年齢だけでは測れないものもあります。お年寄りでも、これまでの色々な豊富な経験や知識が活かされて、いざというとき若者より機転が利くかもしれませんし、これまでの身の回りの様々な人づきあい、ネットワークが活かされて、いざ困難な状況に陥っても、様々な助けを得られやすい状況にあるかもしれません。そう考えると、必ずしも、レジリエンスは、脆弱性の反対ではないということに気づくことができます。その視点をさらに広げれば、レジリエンスは、情報、経験、知識、ネットワークを活かすことによって創ることができるもの、脆弱性・弱さを補うことができるものと見ることもできます。

このようにして本書では身近な例も取り上げながらレジリエンスを紐解いていきます。

● 本書の向こう側に見るもの

もしレジリエンスとは何かを一言であえていえば、「状況変化を重視し、短・中・長期的な視点から社会に散在する点を線で結び、木を見て森も見ながら、予測しないことが起きても、逆境にあっても折れない環境を生み出すこと」になるでしょうか。

レジリエンスに１つの解はありませんし、万能薬でもありません。レジリエンスに期待しすぎてはいけません。しかし、レジリエンスは、私達が見失いがちな、あるいは軽視しがちな「隙間」に気づかせてくれます。その「隙間」を小さくするために何ができるか示唆を与えてくれるものです。その隙間を小さくすることこそ、私達が直面する現代リスク社会に問題解決志向の道筋を開くものとなるでしょう。

また本書はレジリエンスの完成品ではありません。なぜならこれまでにも述べましたように、レジリエンスは、学び続けること、より

良くしていくことと関連しているからです。これは、人間が学び続けることを止めたら成長は止まるのと似ているかもしれません。本書は、長年磨き続けてきたものを1つの形にする段階にきた、今こそ多くの人に、変化の中を生き抜こうとする人たちに、レジリエンスの本質を知ってもらいたい、そういう思いから執筆するものです。本書を通して、ダイナミックな変化にあっても緩やかに横と繋がりながら足元を見つめ、必要なときに自らダイナミズムを生み出していく人、コミュニティ、組織、社会、公共政策を育て、創っていく上でのヒントになればと願います。あらゆる枠を超えて繋ぐ「カタリスト」(catalyst)としての役割を担う人が1人でも、仕組みが1つでも増えることを希望します。

最終的には、個人、コミュニティ、民間組織、政府、政策システム（それぞれを「木」と見立てます）などのレジリエンスを育み、強化しながらも、それぞれの「木」と「木」の間にある「隙間」の繋がり（リンケージ）を重層的に如何に育て、強めるかを考えていきます。特に、その「隙間」、より近い意味合いの英語でいえば、"missing link"を明らかにすること、それを小さくするための方法を考えること、そのポイントにこそ、レジリエンスの役割があり、現代リスク社会を乗り越える道筋を開くものであると考えています。市民が自ら参加する社会を重視しながら、これまでのアプローチだけに終わらない市民社会の在り方、政府と市民との関係性とも深く関わります。それをより具体化し、行動に結びつける示唆を提供することが本書の使命であると思っています。

● 本書の構成

まずⅠ部「点から線へ」では個人の身近な例を使いながら、「気づき」や、そこから一歩踏み込んだ「キーワード」を通してレジリエンスに内包される深い意味を解き明かします。それを踏まえてレジリエンスの基軸を提示し、マトリックスを用いながらレジリエン

スに関わる包括的視点を分かりやすく解説します（1章「「レジリエンス」を紐解き、組み立てる」）。また、レジリエンスの重要性と大きく関わる現代リスク社会のダイナミックな環境変化について、2章で詳しく述べていきます（2章「現代リスク社会」）。さらに3章では、世界ではこのレジリエンスがどのようにプログラム化されてきたのか事例を通して見ていきます。そうした事例を通してグローバルに見られるレジリエンスの動きの「萌芽」と「隙間」を明らかにします（3章「萌芽と隙間」）。

II部「境界線」では、レジリエンスと復興に焦点を当てて、東北（4章「東北における協働知創造レジリエンス」）とニューヨーク市（5章「ニューヨークにおける協働知創造レジリエンス」）のケースを通して、それに関わる政策やコミュニティの活動がレジリエンスにどのように関わっているのか、I部で提示したレジリエンスの基軸やマトリックスがどのように適用されるのかを見ていきます。その中で、木と木の間、特に多様な主体やシステムの間の「境界線」に注目し、その境界線にレジリエンスの要素がどのように絡んでいるのか、どこに「隙間」があるのか、その在り方がどのように問題解決志向のアプローチに関係しているのかを明らかにします。

III部「木を見て森も見て」では、I部やII部を踏まえ、協働知創造を通してレジリエンスをどのように描くのか、どのような仕組みが関わるのかを中心に見ながら、デザインの素材になるツールを示します。これは、まち、コミュニティ、組織創りにも生かせるものです。さらに現代リスク社会を中心に置いた場合の社会または政策デザインの基軸を提示します（6章「協働知レジリエンスのデザイン」）。I部、II部で引き出したレジリエンスの要素、さらにこの6章のツールや視点を使いながら、東日本大震災の教訓を明らかにします。（7章「東日本大震災の教訓から」）。さらに、政策システムとレジリエンスがどのように関わっているのかに焦点を当て、日本の現状における「隙間」を踏まえて、「協働知創造

のレジリエンスのための政策システム」を提示します（8章「政策システムとレジリエンス」）。最後に「結びにかえて」では各章で積み重ねたものを踏まえて、「協働知創造のレジリエンスに向けて」、本書の向こう側に見るものを、読者の皆様と共有します。

松島の森

石巻

南三陸(車窓より)

陸前高田の一本松

遠野

石巻にて

I 部

点から線へ

Oct 10, 2014

@ Cornelia Street Cafe
NY

1章　「レジリエンス」を紐解き、組み立てる

1.「気づき」から紐解く

　まず普段の身近な「気づき」の視点から、レジリエンスを紐解いていきたいと思います。はじめに現場の気づきの一言から。2012年10月29日に大型ハリケーン"Sandy"の直撃を受けた、ニューヨーク市ロッカウェイ（Rockaway）地区を2014年秋に訪問したとき、現地のコミュニティの復興活動のハブ（hub）的な役割を担うYANA（"You Are Never Alone"（あなたはひとりではない）の略、その活動については5章で）の創設者／ディレクターであるSalvatore Lopizzo氏に出会いました。その時に彼が口にした「レジリエンス」は、次のものでした。

　　レジリエンスとは、私達が未来をどう見るか、その考え方そのものを表すもの。レジリエンスは、長期的なアプローチで、1フェーズのものではない。（その長期的なアプローチを実現するプロセスの中で）すべてがモジュールとして繋がっているんだ。

　この言葉を耳にして私は、これが彼個人の生き方を反映する言葉であると同時に、"Sandy"被災2年後においてもなお復興に苦しんでいるロッカウェイ地区の人々やコミュニティと向き合い続け、様々な活動を実践する中で見出された「気づき」から生まれた言葉だと思いました。こうした言葉は、「レジリエンスはプロセスと深く関わる」ということを、現場の視点から端的に表現したものとして受け止められます。

普段の対話の中の気づきからも、レジリエンスを追求することができます。これまで私が関わった様々なワークショップや授業を通してレジリエンスについてじっくり話し合う中で、個人や組織の視点から「レジリエンスとは何か」について抽出された、気づきの言葉を以下に集約してみました。ワークショップや授業では、最初は「打たれ強さ」、「柳のようなしなやかさ」というレジリエンスのイメージを入り口としますが、身近な人や組織や、そこから派生する様々な不意に起こる状況や逆境を想定しながらそのイメージを膨らませる中で、どのようにすれば打たれ強さやしなやかさが可能になるかについて「気づき」が生まれ、そこから様々な言葉が引き出されていきます。

気づきの視点から「レジリエンスとは何か」

- 信頼
- 多様性
- 柔軟性の積み重ね
- 深く沈んでも折れないこと、異なる軌跡を通って、跳ね返ること。
- 自分の弱さ（社会でいえばリスク）を知っていること。
- 危機を「機会」に変えること。
- あらゆる既存の枠を超えること。
- ないものでなく、あるものに集中すること。
- あらゆるものと繋がること。
- 異なるものを組み合わせて、新しいものに創りかえること。

　このリストにある視点は、個人や組織が逆境やストレスに遭遇したときにそこから抜け出し、次に進むために必要なヒントにも繋がります。私はこのリストをつくりながら、身の回りにいるレジリエンスをもちあわせた人（レジリエントな人）の顔が何人も思い浮かびま

した。そうした人達の中から2人を選び出して簡単に紹介しながら、身近な気づきを通して見えるレジリエンスのイメージを膨らませてみましょう。

Aさん：私が米国ワシントンDCで働いていた頃、小さい頃に病気で失明した女性と出会いました。彼女は日本の大学を卒業した後、障害者が働く環境を支援する米国のノンプロフィット（Non-Profit）組織でインターンをしたいと希望し、単身でDCにやってきました。ある教授の紹介で彼女とはじめて地下鉄で待ち合わせた日、私は、彼女がただでさえもDCの複雑な地下鉄に乗って目的地に果たして辿り着けるのだろうかと、ハラハラしていたのですが、私が駅に到着したとき、既に彼女は地下鉄の改札の前でしっかり私を待ち受け、声をかけると思いっきりの笑顔で私を出迎えてくれました。

その後、拙宅に案内して手料理を交えて談笑しながら、彼女のこれまでの人生、そしてこれからの人生について耳を傾けました。彼女は小さい頃からピアノを弾いていて、単独でコンサートも開催するほどの腕の持ち主であること。小さいときに突然襲った失明という危機にもめげず、自分の学びたい大学まで進み、在学中は単独で欧州を旅したこと。さらに卒業後、自分が問題意識をもつ障害者の環境をよくするための組織づくりを学ぶために、奨学金に応募し、それに受かって米国に来たこと。このインターンを終えたら、大学で教職をとって、障害者の教育のために働きたいこと。

私は10年ほど前に会ったにも関わらず、いまだに彼女が、レジリエンスのイメージの筆頭に出てくるのは、まさに、幼い頃の突然の失明という逆境にも関わらず、自分の周囲にあるもの、人、機会に繋がり続け、不安とか恐れとかいう要素を押しのけながら、自分の人生を思う存分歩き続けている姿がとても印象的だったからだと思います。失明という「危機を機会に変え」、「自分の周りにあるものに集中」し、自分をもちながらも、あらゆる「異なるものと交わり」、人への「信頼」を大切にし、「自分の道の軌跡を

何度も見直しながら歩き続けている」という点で、今思えば彼女はレジリエンスの要素を大いにもちあわせた人でした。

B博士：私の師匠にもあたるB博士。よく仕事を一緒にさせていただくアメリカ人で、70才を超えた今も私がびっくりするほどの質・量・スピードを兼ね備えた研究をこなす第一線の研究者。私自身は米国に長く住んで年齢やジェンダーや人種といった個人の枠に縛られない環境に慣れ親しんできましたが、それでもすごいと感嘆してしまうほど、年齢、ジェンダー、国籍、専門分野などの違いといった「枠」を全く感じさせない人で、研究においても日常の生活においても自然体であると同時に、どんなに忙しくても自分のリズムを崩さず、家庭やボランティアを通してコミュニティとの絆を大切にしながら、プロとして着実に歩かれる姿に感銘を受けます。

まずは日常生活から。B博士の日常は朝5時半に出勤し、午後2時半で仕事を切り上げます。帰宅すると愛犬との散歩を毎日欠かさず、その後4時半くらいから、またもう数時間自宅で仕事をこなし、夕食をとり、夜10時ごろには就寝。この生活スタイルは、どんなに忙しくてもほとんど崩れることがありません。一方、例えばある1週間のB博士のスケジュールを見ると、4つの主要プロジェクトの締切り、3つの政府関係者との会議、4つの外部関係者との会議が入っています。自分の生活の芯がしっかりしている分、嵐のように忙しくても、仕事でどんなに試練にあっても、イライラする姿を見たことがありません。いつも日本でいえば関西人のような冗談が絶え間ない人でもあります。

またどんなに忙しくても、私が何時間もかけて書き上げたプロポーザルを、10分で見てポイントのよいコメントを返してくれます。私が関わっている政策研究課題は、複数の専門領域にわたるため、極めて複雑で人に一言で説明するのは難しく、その課題のポイントをすぐさまに受け止める人は少ないのですが、数年前はじめて会ったときにもそれをすぐさまに問題意識を共有してくれたのもB

博士でした。いつも冗談を言って私が困るのを楽しんでいる節もありますが、真剣なときは非常に真剣です。私の目をじっと見て、私が研究の中で言わんとすることを丁寧に聞いています。そして、そのコメントの鋭さは言うまでもなく、「Mika、これは問題でなくて、機会と捉えよう。頭の硬い人を変えるために何ができるか、その創造性が問われているんだ」と、人生のスパイスのようなアドバイスをさらっと言いのけます。

　年齢やキャリアの差は関係なく、私との仕事のやりとりは、いつも対等。1人の独立した研究者としての尊重をいつも欠かしません。どんなときも、自分の言い分を押し通すことなく、私にプロフェッショナルとして真剣なコメントを求めてきます。一方、家族や地域との繋がりも忘れません。例えば、サンクスギビングの祝日にはターキーを自ら焼き、その焼き上げたターキーを貧困層の地域で配り、それを終えてから家族とターキーを食べてサンクスギビングをお祝いします。

　人間社会の周囲にある「枠」を取り払い、様々な「多様性」を受け入れ、「自分の芯をもちながら柔軟性を積み重ね」、豊かな人生を歩み続けているB博士。彼も、私の中の個人としてのレジリエンスの持ち主の筆頭格です。

　こんな風に、みなさんの回りにも、こうした気づきからレジリエンスのイメージに繋げられる人は多くいらっしゃるのではないでしょうか？　こうして個人の視点からレジリエンスを覗いてみると、レジリエンスは何かということはその人が生きている背景や環境によって異なってくることも分かります。一方でそうした状況の中でも、先ほどリストで示したレジリエンスから派生する言葉（「気づきの視点から「レジリエンスとは何か」」）は、逆境や負に見えることを乗り越えていく上での生き方の羅針盤としての役割を果たすものであり、どのような状況にもある程度当てはまる芯のようなものとして位置付けることができます。

実は近年、レジリエンス研究者の間でも、これまでの研究はレジリエンスの定義に拘りすぎたという反省から、レジリエンスを考えるときは「コンテキスト（文脈）」が大切であることが強調されるようになってきました。このように普段の視点を少し変えることによって、レジリエンスを考えるときの大事な観点がシンプルに浮きぼりになる、そうした「気づき」も与えてくれます。

2.「キーワード」から紐解く

　こうした気づきから、次に組織や社会のレジリエンスに繋げて考えてみたいと思います。気づきからのリスト（「気づきの視点から「レジリエンスとは何か」」）をさらに進めて、組織（プロジェクトやプログラム創りにも関連します）や社会創りの視点からレジリエンスを育てる、強化する、築くにあたってスタートラインに立つための「キーワード」を抽出したものから見ていきましょう。それが序章で示した「レジリエンスに内包する要素」であげたキーワード、つまり、1)「点」から「線」へ、2)「木を見て森も見る」、3) システム×デザイン×マネジメント思考、4) 継続的学習×評価×一貫性、5) 適応、イノベーション、6)「繋がり」（リンケージ）×「プロセス」です。

　気づきからのリストと比較すると、個人の視点から見たレジリエンスのイメージを、堅い言葉で言い換えたものや、内容的に重複するものもあります。一方このキーワードは、これまで長年培われてきたレジリエンスに関わる様々な分野の主な研究や文献から、バラバラに散らばりがちなキーワードを引き出し、分かりやすい言葉で簡潔に体系的にまとめた（組み立てた）ものとなっています。キーワードに沿って詳細を見ていきましょう。

● 「点」から「線」へ

　ここでいう「「点」から「線」へ」は基本的に、社会の中で散在しがちな情報や知識または人や組織や専門性といった「点」と「点」をあらゆる方向から結ぶことを指しています。また、特に

現代リスク社会におけるダイナミックな変化に焦点を当てる中で、従来個別に扱われがちなリスクや関連の問題を個別ではなく、それぞれの問題の特徴を踏まえながら包括的に見るという「線」のアプローチに重きを置いています。さらに、レジリエントな社会創りの中で重視すべき4つのタイプの「点」から「線」のアプローチについて集約すると次のようになります。

「点」から「線」へのアプローチ

点：個々の学問や専門分野ごとの知識がそれぞれの"silo"（縦割り型の枠）の中で完結し、知識の統合が行われない状況。 線：その「点」を繋ぐことによって、社会問題解決に結び付け、個別の学問・専門分野を繋げる（例えば、仕組みを創る）アプローチ。

点：知識と現場が繋がっていない状況。例えば、政策の意思決定者の認識と、現場から見えていることがばらばらになっている状況。また、専門的知識と市民が繋がっていない状況。 線：知識と現場を繋げるアプローチ。

点：それぞれの組織や、同じ組織の中でも部門ごとに、情報や取り組みが"silo"の中に納まり、それぞれがばらばらになっている状況。 線：情報や取り組みを横軸で繋げ、有効に資源（例えば、人材、情報、資金、技術など）を繋げることによって、問題解決に結び付けるアプローチ。

点：「ローカル」の問題と「グローバル」な問題は別々とする考え方。 線：グローバルな視点から見ることによって、ローカルな問題解決の糸口が見つかることがあり、その逆もある。ローカルな側面とグローバルを繋げて考えるアプローチ。

● 「木を見て森も見る」

　「木を見て森も見る」は、現代リスク社会におけるレジリエンスを考える上で特に重要になるキーワードです。木（詳細）を見ると同時に、森（全体）も見るということは、言うは易し行うは難しで、個人の視点から見ても、詳細を見るか全体を見るかどちらかに傾倒しがちです。細かいところを見てみるとどうしても、詳細ばかりに目が行きますし、全体を見ていると詳細のことを忘れがちです。これを複雑で様々な人々を擁する組織や社会の仕組みに当てはめて考えてみると、「木を見て森も見る」を実践することは極めて難しいことであることは確かです。しかし、このキーワードこそ、現代リスク社会と向き合う上でどうしても欠かせないもので、また私達の社会の隙間に問題解決方向のデザインを施していく上で鍵になります。その「木を見て森も見る」をどう実現していくかは、レジリエンスをどう創るかに直接繋がり、その「どう（How to）」の入り口の部分が他のキーワードにも繋がっていきます。もう少し説明を続けましょう。

　より専門的な言葉でいえば、「木を見て森も見る」は、エンジニアリング分野で培われてきた「システムズ・アプローチ（systems approach）」と深く関わってきます。ここで「システム」ではなく、「システムズ」と複数形になっているのは、簡単に言うと、システムは1システムだけでは機能しない、「システム」と「システム」が離れていては機能しないという考え方を基礎に置いています。このポイントは、一見当たり前のように思われるかもしれませんが、東日本大震災から引き出されるあらゆる教訓に通じるものがあります（詳細は7章で）。

　システムズ・アプローチの考え方は、机上の考え方だけでなく、これまでにも多方面で実践的に適用されてきました。例えば、1969年に米国RAND研究所（米国で最も古い非営利のシンクタンク）のE.S.Quadeは「システムズ・アプローチ」を、「問題

を全体と、その正確な文脈との両方の視点から捉えること」と定義し、政策決定者の思考において必要不可欠な要素であることを説きました。システムズ・アプローチの専門書を紐解くと、かなり難解で抽象的でありますが、長年の年月をかけて、「システムズ・アプローチ」の研究者らによって培われたものの中から[2]その軸になるものをじっくり見てみると、その考え方はあらゆる社会の中の仕組みに当てはめられることに気づきます。そのシステムズ・アプローチの軸を分かりやすい言葉、特に「木を見て森も見る」の中の「木」と「森」に当てはめたものを以下に示します。

> ### 「システムズ・アプローチ」
> ### (「木を見て森も見る」アプローチ)
>
> - 「木」と「木」(システムとシステム)はそれぞれ独立して機能する必要がある。それと同時に、森全体を見据える上で「木」と「木」を繋げる「ハブ」(hub)になるような調整機能が欠かせない。
> - ①それぞれの木の機能、②その木を取り巻く環境の変化、および③それぞれの木と木の間の「境界」を詳しく見る(分析する)ことによって、「木」を俯瞰的に繋ぎ、「森」全体を見る必要がある。
> - 「木」と「森」を機能させるために、「継続的にチェックして更新する」ことが必要不可欠である。

こうしたシステムズ・アプローチの考え方を通して、どのように「木を見て森も見る」を実現するかという視点から、「木」と「木」の関係性や、「木」と「森」の関係性について、具体的な示唆を幾つも得ることができます。ここで挙げたことは、あらゆるプロジェクト、プログラム創りから、組織や社会創りに至るまで、常に頭の隅に置いておきたいポイントといえるでしょう。

● システム×デザイン×マネジメント思考

「システム思考」と「デザイン思考」:「木を見て森も見る」を実践するときの基礎として、システム思考、デザイン思考、マネジメント思考は欠かせません。それぞれの思考は、具体的に何を意味するでしょうか。まず「システム思考」と「デザイン思考」について、前野隆司編著『システム×デザイン思考で世界を変える』(日経BP社、2014年) は、次に示すように簡潔に明確にそのポイントを提示してくれています。

システム思考とデザイン思考[3]

「システム思考」

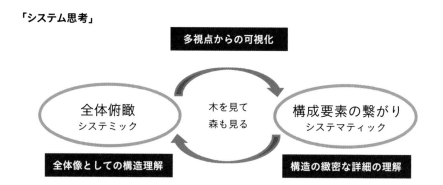

「デザイン思考」

オブザーベーション(発見)	アイディエーション(思考)	プロトタイピング(試行)
強い仮説にとらわれず「無意識の声」を聞く。主観的に感じてインサイト(気づき)を得る。質的な活動を重視。	ブレインストーミングなどを活用し、チームが協働することによって生み出される「集合知」を重視。	短時間に多くのアイディアを試し改良する活動。頭ではなく、手で考える、体で考える。

「システム思考」は、これまでに述べた「木を見て森も見る」の要素と重なるところがありますが、全体像を俯瞰して見ることと、全体を構成する要素（木）の繋がりの詳細を理解することに加えて、その両方を様々な視点から、「目に見える」形にしていくことを軸に据えています。「デザイン思考」では、これまでに述べたような「気づき」、「協働」といった言葉を中心に、無意識の声を通して「気づき」を得る「オブザベーション（発見）」、チームが協働することを通して知を生み出す「アイディエーション（思考）」、様々なアイデアを試しては改良し、現場思考でアイデアを練る「プロトタイピング（試行）」が軸になっています。

マネジメント思考：特に現代リスク社会の環境の変化を重視すれば、レジリエンスを実現するためには、このシステム思考、デザイン思考に加え、「マネジメント思考」も重要と考えられます。これは、後述する「イノベーション」と深く関わりますが、異なる資源、例えば人も、お金も、エネルギーも、時間も限りがあり、無限ではないからこそ、それらをこれまでにない形で組み合わせることを通して、新しいやり方を生み出していく、そのためにどの資源（リソース）をどのように使うかという点も含めてマネジメント思考が不可欠です。このため、そのシステム思考、デザイン思考、マネジメント思考の相乗効果を通してこそ、「木を見て森も見る」の道筋への入り口が少しずつ開かれることになります。

● 継続的学習×評価×一貫性

継続的学習：ではシステム、デザイン、マネジメント思考はどうやって生み出すことができるのか、または強化することができるのか、これは次の問題です。序章で「レジリエンスは、学び続けること、より良くしていくことと関連している」と記したように、継続的に学習し続けることは、レジリエンスを創る上でのもう1つの大きな要

素であり、それがこのポイントに関わってきます。特に「木を見て森も見る」との関わりから、各木の周囲の環境や、森の周囲の環境が常に変化していることを考えると、常にその変化に気づき、そうした変化が木を見て森を創るプロセスにどんな影響を与えるかを、しっかり見据えることが要求されるからです。

　その「学び続けること」の意味をさらに深く考えるにあたって、個人や身近なレベルから考えると分かりやすいかもしれません。個人でいえば、生まれ持った素質や内面性といった本来もっている「コア」なるものを大切にすることは不可欠です。その一方で、様々な逆境や自分では予想しないことを何度も経験し、そこから成長していくためには、人との関係性、社会との関係性において自分を見直し、何が今自分にとって大切かを問い続け、学び続けることが大切になります。ただし、その学びは、1人の殻にこもって身に付くものではありません。自分の周囲の木や森を見るためには、自分の周囲の状況や環境の「変化」を含めて、自分の外から客観的に自分を見つめなおすことが大事になります。その中で自分の内と外との出会いがあり、気づきがあり、そこから木を繋げていって、自分がどうこれから歩いていこうかという意味で森に繋げることができるようになるでしょう。

　「変化」はいつも身の回りに起きていますが、ただ「変化」に惑わされてもいけません。自分の「コア」（軸）をもっているからこそ変化に気づき、その変化と自分との関係性の中で、自分の成長が生まれてきます。しかも、その見直し、見つめなおしは一回きりではなく、人生の中で何度も何度も繰り返し行うことによって、いつのまにかそれが自分の内なる力になり、自分の思い通りにいかなくても、逆境にあっても乗り越える力が生まれてきます。

　これを、組織や社会に繋げて考えていくと、例えば1組織やコミュニティ・社会に根付く風土や文化といった内なるものを大切にすると同時に、1組織や1コミュニティ・1社会に引きこもるのではなく、常に組織やコミュニティや社会の周囲の状況や環境の変化

に気づき、その組織・コミュニティ・社会の外から客観的に自分が属する組織や社会を見つめなおすことが、組織・コミュニティ・社会のレジリエンスを育てる上で不可欠になります。内と外（変化）を繋げていくことによって、それぞれの点が線となり、そこから問題解決方向の入り口に繋がる可能性がでてきます。少し具体的に説明するために、以下にコミュニティ・社会における内と外（変化）の関係例を挙げておきます。

コミュニティ・社会における内と外（変化）の関係例

今日本では少子化、地方の人口減少、過疎化が社会問題になる一方で、地方には多様な風土、歴史、文化があり、その土地ならではの伝統工芸や食品など、様々な個性があるのが特徴的です。ここでいう外の「変化」は、この例では少子化、人口減少、地方の過疎化に当てはまります。少子化、人口減少、過疎化といった問題に直面してもなお、地方の風土、歴史、文化（内）を軸にしつつ、その変化を踏まえて地方が活性化できる方法を考え、その方法を形にし、実践していくことが、ここでいうコミュニティのレジリエンス、社会のレジリエンスと関わってくるといえるでしょう。

地方によっては、既に地元にある観光資源を掘り起こしたり、昔ながらの伝統を大切にしつつも、新しい要素を外から取り入れて、地方のブランドをつくって地方の活性化を図ったりしているところがいくつもあります。そういう取り組みの多くは、少なくとも変化を見据えて、古いものと新しいもの、または地域の内と外の資源を組み合わせているという特徴があります。そうした取り組みは、ここでいうレジリエンスをコミュニティに築くという方向性に近いものといえます。

また、森の視点から見ると、地方の過疎化とは対極的に、東京や大阪に経済や政治の重要な機能が集中しがちですが、大規模災害がそうした大都市に起きた場合に、社会の重要機能は一度に麻痺する可能性も否めません。社会の重要機能を地方に分散

しておくということは、そうした都市の脆弱性を補うことにも、また地方を活性化する一要因にもなり得ます。こうした視点からどう社会創りをしていくかも、ここでいう社会のレジリエンスに深く関わってきます。

評価：これまで述べてきた「見つめなおす」プロセスを正式なプロセスとして体系化したものが、「評価」に繋がります。そもそも学習するということは、過去の教訓・経験や「変化」を踏まえて、それらを次への対応に繋げること。繋げるためには、過去の教訓・経験や「変化」がどのように今と関わっているのか、今の対応において何が不足しているのか、今後どのような対応が必要になるのかを絶えず見直し、評価することが不可欠です。特に組織やコミュニティ・社会の周囲では、あらゆる人、モノ、知識、環境を含めて取り巻く状況も絶え間なく変化するため、組織・コミュニティ・社会の内と外、またはその内と外の「間」の関係を見直し、過去の教訓や経験も含めて、今後の組織を、コミュニティを、社会をどう創っていくのかを見つめなおし、レビューする必要があります。なおこの評価ですが、一概に自分の関わる組織・コミュニティ・社会をただ見直すだけでは十分ではありません。「評価」にも様々な側面があり、その詳細はもう少し専門的な事柄に入るため、6、8章で詳しく記したいと思いますが、ここでは、当事者、当事者の周囲にいる関係者、さらにその環境の外にいる第3者といった、3つの視点から評価が必要になることを強調しておきたいと思います。

一貫性：専門家の間でレジリエンスを議論するときに、レジリエンスの構築は一直線ではないこと（"nonlinear"）がよく強調されます。これはある意味でシステム思考に重きを置きすぎると、この点が軽視される傾向にあるからと考えられます。身近な例で見ても、問題解決志向のどんな取り組みにおいても、目的に辿り着くまでに曲がりくねった道もあれば、なだらかな道もあり、継続的学習と評価（ま

たは見直し、見つめる行為）を繰り返しては、より良い道を追求するプロセスが重要です。ただそれと同時に、一貫した視点も不可欠です。前述した「システム思考」の要素の１つに俯瞰性が挙げられていましたが、これはただ異なる分野や人を繋げて俯瞰的に見るだけに留まりません。俯瞰的な見方が要求されるところは、時間軸にも当てはまります。時間軸は大きくいえば「短期」、「中期」、「長期」に分けられますが、その短期、中期、長期を俯瞰して、木や森を見ることが要求されます。冒頭で紹介したYANAのSalvatore Lopizzo氏による「短・中・長期的視点すべてのフェーズを通して見通しつつ、段階的に様々な角度から見直しながら、創っていく」という言葉は、まさにこの点を言い当てたものだといえます。

　つまり、どんなことを成し遂げるにも、色んな形で曲がった道を通ることになるけれど、そのたびにチェックして、その結果を踏まえて学ぶ一方で、その短・中・長期的な目標を１つの軸で繋げ、一貫した時間軸から見ることが大切といえるでしょう（以下参照）。

学習 × 評価 × 一貫性

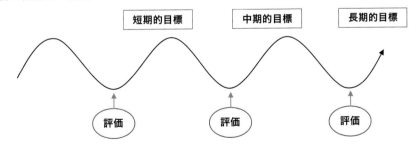

● 適応・イノベーション

　上述したような評価をベースにした学習を継続的に、一貫性をもって繰り返し行うことで、そのプロセスが原動力になり、学習したことが組織・コミュニティ・社会に吸収されるプロセスへと繋がります。さらにそれを先に進めると、組織・コミュニティ・社会による環境変化の吸収、それへの適応、または組織・コミュニティ・社会の中身の変容に繋がり、組織イノベーション、社会イノベーションをもたらす可能性へと導かれます（イメージは以下）。

適応・イノベーションのイメージ

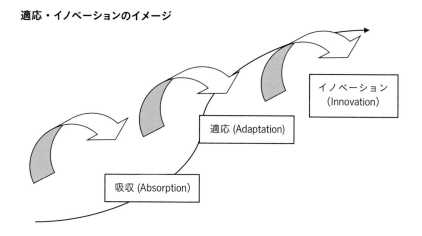

　これに関して、カナダのWaterloo大学のWaterloo Institute for Social Innovation and Resilience（ウォータールー・社会イノベーション・レジリエンス研究所）を率いるFrances Westleyは、レジリエンスとは「適応し、変化する方法を見つけること」と述べています。本書も序章で「レジリエンスとは何かを一言であえていえば」として、「状況変化を重視し、短・中・長期的な視点から社会に散在する点を線で結び、木を見て森も見

ながら、予測しないことが起きても、逆境にあっても折れない環境を生み出すこと」と述べました。このように、適応・イノベーションは、なぜレジリエンスを社会に創る必要があるのか、つまり、レジリエンスを築く目的・目標と密接に繋がっています。

　適応性、イノベーションは学問的にも広く展開されている考え方で、学問的な見地からのイノベーションとレジリエンスの関係性については3章で述べますが、ここではまず簡単にイノベーションの意味合いに触れておきたいと思います。イノベーションは、ジョセフ・シュンペーターが1934年に「new combination（新結合）」と表現したように、既存の知を新しく組み合わせ、練り直し、新しい知を再創出することを重視します。その文脈において、イノベーションは新規的なアイデアに焦点を当てる「インベンション（発明）」とは意味合いが異なることを理解しておく必要があります。ただし、既存のものを新しく組み合わせ、新しい知を再創出するにも、既存の枠の中だけで留まっていては、新しい組み合わせは生まれません。その意味で、序章で述べたように、レジリエンスにはあらゆる枠を取り払って考え、行動することが要求されます。こうした観点を踏まえて、社会イノベーション、政策イノベーションといった言葉を用いることが重要です。

● 繋がり（リンケージ）×プロセス

　繋がり（リンケージ）×プロセスは、これまでに通して見てきた「木を見て森も見る」、「システム×デザイン×マネジメント思考」、「継続的学習×評価×一貫性」のすべてに直接的あるいは間接的に、何らかの形で関わります。一方、それらだけではカバーされていない、または前面に押し出されていないことも含めて、あらためて「繋がり（リンケージ）」と「プロセス」というキーワードを通して、その両方の重要性に焦点を当てるものです。以下で詳しく見ていきましょう。

繋がりというと、人と人の繋がりをまず思いつくことが多いと思いますが、ここでは人と人との間だけでなく、情報や知識や社会システムも含めて、多元的な繋がりに注目します（このため、幅広い意味でリンケージ（linkage）という言葉も代替的に使います）。人と人の絆や、コミュニティの中の人と人との繋がりを重視するだけに留まらずに、私達がもつあらゆる資源や物事を繋げて考えるという視点は、本書の特徴の1つかもしれません。ただし、ここでのポイントは決して人と人の繋がりを軽視しているのではなく、むしろその逆で、人と人との繋がりが、あらゆる人の営み、組織、コミュニティ、社会の原点であるからこそ、その原点をより良く潤わせるために、その周囲にある散在しがちな資源や物事をより良く有機的に繋ぎ、そのためのプロセスを重視する必要があるというものです。

　その意味でここではまず、多元的な繋がりの原点になる人と人の「繋がり」と「プロセス」の関係を中心に見ていきたいと思います。情報や知識を含めた繋がり（リンケージ）の具体的なことについては、少し専門的なことが入ってくるため、6章で触れますが、「気づき」と身近な視点から、リスクや防災を例にとって「繋がり」と「プロセス」がどのように関連しているかについて次に見てみます。

　そもそも人と人の関係は日常的につくられるものですが、非日常的なとき、つまり突然何か事故や危機が起きるときには、その日常的の関係が反映されます。日常的にできないことを、非日常的なところで急にできるようになると奇跡だけを願うのは、かなり無理があるでしょう。ここで求められる状況は、サッカーに例えると、分かりやすいかもしれません。例えば、サッカーの試合中に何が起こるかその時にならないと分からないけれど、どんな状況でも冷静に判断し、無意識のうちに自分のプレーができるようになるには、日常の中でどれだけ自分を鍛え、どれだけチームメートとのコミュニケーションを図るかにかかってくるのではないでしょうか。このように日常の行動が、非日常時の行動にすべてあらわれてしまいます。こ

れは当たり前のように思われがちですが、実際には、個人だけでなく、組織でも、政策のレベルに当てはめてみると、なかなか実践できていない状況が散見されるのが現状です。

　日頃どんな災害にもまず必要になる基本的な備えを例にとると、ここでいう非日常時のための日常の「繋がり」と「プロセス」は、どこに組み込まれているのでしょうか。コミュニティを例にとって、以下（非日常時（災害時）のためのコミュニティに求められる日常時の備え）に示します。

非日常時（災害時）のためのコミュニティに求められる日常時の備え

- 日頃から近所の顔が見えている。
- 何かが起こったときに常に互いに助け合う関係にある。
- 災害が起きたときに、何をどうすればよいか、そのプロセスが広く理解されている。
- 災害避難訓練が日頃から定期的に、住民参加型で行われている。
- 様々なコミュニティの問題について、継続的に話し合う場所やプロセスがある。

　これを踏まえて、日頃の自分自身を振り返ってみましょう。日常的に周囲と顔が見える関係にありますか？　日頃から周囲の人たちとコミュニケーションはとれているでしょうか？　いざ地震が起きたときに何をどうするかについてコミュニティでルールはあるけれど、それをどこかに放ってはいませんか？　日頃から色んな人を巻き込み、より良く備えるために継続的に話し合いができる仕組みは作られていますか？

　そんな風にはできていないなぁと思われる方がいる一方で、ここに示したことは常識だとおっしゃる方も多いと思います。ここに書いたことは自主防災の基本だからです。ただここでの重要なポイントは、

こうした自主防災の基本ができているか否かは、レジリエントな社会を創る「入り口」に私達は立っているかどうかと関係するということです。ここでは防災を例にとりましたが、どんなケースでも、日常的な人と人の関係とそのプロセスそのものが非日常時つまり、逆境や不意のできごとが起きたときの対応に反映されます。これはコミュニティレベルでなくても、組織レベルでも、社会、政策レベルにも当てはめることができます（これを7、8章で見ていきます）。こうしたことについては当たり前と思われた方も、次の例はどうでしょうか？

　この例は、米国連邦政府の災害対応のハブ役を担うFEMA（Federal Emergency Management Agency：連邦緊急事態管理庁）に関わるお話です。まず簡単にFEMAについて紹介しますと、FEMAはあらゆる危機を対象とする包括的な災害対応をするにあたって、様々な省庁間や、中央政府と地方政府、市民と政府といった主体や関係機関（ステークホルダー）の間の調整役を担う組織です。1979年に米国で設立された連邦政府組織で、スタッフ7000人以上を擁します。よくあるような緊急災害対応室のように緊急時に集められる組織ではなく、「日常的に」機能しています。日本でも一部関係者の間ではよく知られ、長年FEMAの日本版を創設しようという声が専門家や政策関係者の間にあり、東日本大震災の直後にこの声は一旦高まりましたが、今もその動きには至っていません。

FEMAの対応例

　1995年米国のオクラホマ市連邦政府ビル爆破事件が起きたときに対応調整の指揮をとった関係者によると、当時のFEMAのJames Lee Witt長官（1993-2000）は、FEMAのスタッフが日常的に他の省庁や組織のスタッフと顔を合わせて話をする機会を奨励していたそうです。Witt長官自身も全米各地に散らばる関連組織を日頃から回り、直接顔を合わせて話す機会を頻繁に

つくっていました。こうして当時は毎日のように組織間を超えてスタッフ同士の信頼関係が醸成されていました。

こうした日常的な信頼関係の醸成に加えて、FEMA やそれ以外の緊急対応機関の間で、緊急発生時の対応機能のごとに「番号」（専門的には Emergency Support Function（ESF）とよばれる）が付けられ、緊急時に担当者間で連絡をしあう場合にも、この番号を通じて、すぐに何の役割を担っているどこの誰かが分かるという仕組みができていました。こうした仕組みと、「顔と顔が見える関係」があらかじめあったことから、その中でおきたオクラホマ爆破事件では、オクラホマ市を担当する FEMA スタッフやその他関係者と、その地域の外から応援する FEMA スタッフ及びその他関係者は電話１本で、前置きの詳細説明なしに即座に繋がることができ、最小限の影響におさめることが可能になったといいます。（残念ながら、米国の災害対応の大失敗といわれる 2005 年カトリーナ・ハリケーン発生時には「顔と顔が見える関係」は奨励されていませんでした）。

この FEMA の例を理解する上で、逆に、緊急対応のときに顔を合わせたこともない相手から「私、＊＊組織の××を担当します○○と申しますが、××を担当されています方そちらにいらっしゃいますでしょうか」といった会話をイメージすると分かりやすいかもしれません。一刻も早い対応をしなければならないときに、長々と自己紹介している時間はありませんし、顔を合わせたことのない相手から電話がかかってきても、すぐに状況がのみこめなかったり、何を要求しているのかコミュニケーションが即座にできなかったり、といった状況が生じやすくなります。その状況に関わる人や組織が多ければ多いほどなおさらです。様々な複雑で混乱した状況が生まれやすくなることが容易に想像できます。一見単純なことに見える日常的な信頼醸成、「顔と顔が見える」関係、日常的なコミュニケーション、そしてシンプルで誰にでも分かりやすい仕組みは、

こうした状況を回避するために効果的なアプローチになるといえるでしょう。
　このように見ると、たとえ大きな組織であっても、日常的な人と人の信頼関係が非日常時の対応の鍵を握ること、さらに組織が大きければ大きいほど、それを意識的に行うことが重要であることに気づかされます。これに加えて非常事態のときに背景や組織や分野が異なる人々の間の調整やコミュニケーションが最短ですむように、日常から仕組みをつくっておくことの大切さも教えてくれます。こうした例は、組織や社会のレジリエンスを考える上でも重要な示唆を与えてくれます。

3.「レジリエンス」を組み立てる

　気づきやレジリエンスのキーワードを通して、レジリエンスについてイメージを膨らませていただけたでしょうか？　うまく通じていれば、本書でいう「組織やコミュニティや社会でレジリエンスを育てていく」ためのスタートラインに既に立っていらっしゃることになります。ここから少し歩みを進めて、レジリエンスを実際に「どのように」育てていくか、強化していくか、築いていくかを考える土台として、どのように散在する点を線に変えてレジリエンスを組み立てるかに焦点を当てたいと思います。

　まず、個別の研究から発展してきた2つの考え方を紹介します。なおこれら2つは、個別の学問分野や専門分野で扱われる傾向にあり、同じテーブルに載せられることはあまりありませんが、ここでは「点を線に変える」上で参考になる考え方として取り上げるものです。まず1つめとして、社会科学の分野で広く知られる考え方に「social capital（ソーシャルキャピタル）」があります。学問的には長年培われた概念で、概念そのものは新しいものではありませんが、最近コミュニティのレジリエンス（コミュニティレジリエンス）との関連でよく言及され、特に東日本大震災以後にコミュニティの復興を考える上でメディアでも大きく取り上げられるようになりました。

　「ソーシャルキャピタル」は一般的に一言でいうと、人や組織のネットワークなど、人間関係の信頼関係を社会の資本としてとらえた考え方です。ソーシャルキャピタルと様々な災害との関係を長年調べている米国の政治学者 Daniel P. Aldrich は、「物理

的なインフラだけでは、レジリエンスを構築することはできない、ソーシャルキャピタルにもっと投資するべき」と提案しています。

ソーシャルキャピタルは、人と人の関係に焦点を当てたものですが、あらゆるレベルでレジリエンスを育てるにあたって、信頼、人と人の繋がりが前提になることを踏まえると、このソーシャルキャピタルは、「点を線に変える」上で基礎の1つになると考えられます。また、このソーシャルキャピタルから派生した考え方として、次の3つの社会的なキャピタルがコミュニティレジリエンスを築く上で大事だとして注目されています。[4]

- Bonding Capital（結束型キャピタル、内部の結束を強くする同質的な繋がり）
- Bridging Capital（橋渡型キャピタル、異質な者の繋がりを広げる水平的な繋がり）
- Linking Capital（連結型キャピタル、異なる権力や階級を超えた垂直的な繋がり）

ここでは、人と人の関係性の中でも、同質的な繋がりを強めるものと、異質な者を横軸で繋げるもの、さらに、力関係や地位を超えて縦軸で繋げるものというように、少なくとも3つの方向性から繋げ方があり、そうした観点から人と人を「繋ぐ」ことを考える必要があることが示唆されています。

2つめとして、システム工学を中心とした観点からの示唆として、システムレジリエンスの学者が一般的にレジリエンスを向上させるための4つの主な要素として挙げるのが以下です。

- Robustness（ロバストネス、ストレスがあっても機能を失わずに抵抗できる強さ）
- Redundancy（リダンダンシー、何か障害や機能喪失のような出来事のときも重要な機能を満たす代替的手段が確保

されていること）
- Resourcefulness（リソースフルネス、障害があったときに問題を明確にして外からリソースを代替的に機動させる力）
- Rapidity（迅速性、損失を抑えて、機能を回復して、今後の障害を避けるために迅速に優先順位を満たすことのできる力）[5]

　この中でも、点を線に変えるという視点、またはレジリエンスをどのように築くかという視点から見ると、特に「リダンダンシー」（言いかえれば「冗長性」、つまり代わりがあること）や「リソースフルネス」（言いかえれば資源が豊富であること、臨機応変であること）といった視点が参考になるでしょうか。日本の中でも企業や組織によってはリスクマネジメントの視点からこうした視点を取り入れて、既に経営に活かしているところも多いようです。より具体的には、リスクマネジメントの視点から「リダンダンシー」について見ると、あるリスクに対策をやっているから万全ということではなく、その対策が実際に機能しない場合に備えて、代わりの手段をもっておくこと、その場合に、「リソースフルネス」の視点を通して、外のリソースをどう機動させるかに焦点を当てることが重要であるといえます。

　ただ、こうした2つの既に確立された考え方を踏まえても、まだ抽象的で概念の要素が強いことは否めません。特にレジリエンスをどう育て、築き、強化するかという視点から見ると、まだ具体性に欠けます。そこでその先に踏み込んだものを次にご紹介します。

　以下に示す「レジリエンス組み立てのための森と木の視点マトリックス」は、私がこれまでの研究を踏まえて、「レジリエンスをどう組織、コミュニティ、社会に築いていくか」に焦点を当てて、その道しるべになり得る様々な要素を様々な分野の研究やケーススタディから集約して組み立て、シンプルに分かりやすく体系化したものです。

「レジリエンス組み立てのための森と木の視点マトリックス」

①レジリエンス組み立てのための森の視点

②レジリエンス組み立てのための森の中の木の視点

A. 繋がり（リンケージ）	C. 時間
1. 対面繋がり 2. 多局面から分析的にかつ統合的に見るアプローチ 3. 多様なセクターや組織間の相互コミュニケーション 4. 中核的な調整機能 5. 財務面、運用面、意思決定面の連携	1. 日常の行動と非日常時の繋がり 2. 迅速な対応 3. 複数の時間軸（短・中・長期的）をもち、定期的に見直しながら一貫して進めるアプローチ 4. 多様な世代間を考慮 5. 「温故知新」（古いものを活かして現在に適応）
B. プロセス	**D. スケール**
1. 評価と学習の一体プロセス 2. 市民の自発的参加を促すプロセス 3. 多様なステークホルダーが参画するためのプロセス 4. 多様な人々・考えを反映させるためのプロセス 5. オープンな情報と協働知創出システム（データ・情報・知識・経験・教訓を統合し、使える情報、行動に結び付ける）（詳細は6章）	1. 変化に応じた適応 2. 代替的方法の探索 3. 否定的な状況を建設的な状況に再創出する力・システム 4. 資源を新しく組み合わせ、より良い方法に再構築する力・システム 5. 過去の決まりきったルートに依存するのではなく、例外に気づき見直しをかけるアプローチ（詳細は6章）

特に、これまでに「気づき」や「キーワード」で述べたことを踏まえて、4、5章で詳しく述べる東日本大震災後の東北やハリケーン"Sandy"後のニューヨーク市のケーススタディ、さらに様々な分野のレジリエンス研究の中の議論を通して精査しながら、何度も練り直しては組み立てたマトリックスが示されています。
　この表を見るにあたって最も重要なポイントは、少なくとも4つの角度（繋がり（リンケージ）、プロセス、時間、スケール）から様々な「点」を「線」に集約させること、さらにそれぞれの角度から見える木（システム）を見ながら同時に森（全体）を見据えて、考え、行動することにあります。詳しく説明しましょう。

● 視点について。

　まず全体的に一連の関連の研究の中で気づいたことは、1つの角度からレジリエンスを見ることはできないこと、少なくとも4つの角度（繋がり（リンケージ）、プロセス、時間、スケール）から見る必要があることです（①「レジリエンス組み立てのための森の視点」参照）。これらの4つの角度は、決してそれぞれ個別に理解されるものではなく、全ての角度から集約される視点が重要になります。
　また、それぞれの角度から見える木々は何らかの形で重なっているものも多くあります。例えば、C.時間の「複数の時間軸（短・中・長期的）」に関して、短・中・長期の「繋がり」を重視した視点からみれば、「繋がり（リンケージ）」角度にも当てはまります。ただそれぞれの角度を通して見える重要な木が、1つの限られた視野に埋もれてしまわないように、あえて重なる部分も考慮しながら、この4つの角度を前面に出したものとなっています。

● 点から線、木と森について。

　このマトリックスでは、上記4つの角度から見える、重要な要素を5つずつ挙げています（②「レジリエンス組み立てのための森の中の木の視点」参照）。ここでのポイントは2つあります。まず、ばらばらに捉えられがち又は散在しがちな人、組織、時間、資源、プロセス、スケールを含む「点」を繋げ、線に変えていくために、こうした要素を意識することが大切になります。さらに、ここではそれぞれの木をばらばらに見なすやり方ではなく、それぞれの要素から見える木（システム）を繋いで、森（全体）を見据えるやり方を重視しています。

　1つ1つの木をとれば一見当たり前のことに見えるかもしれませんが、1つ1つの取りくみを積み重ね、集積してこそ、効果を発揮します。それによってその先の考え方も、行動の仕方も随分違ってくるはずです。もっと平たくいえば、どこにも既にアイデアはある、でもあらゆる方向性から繋がっていないから、形にならない、行動にならない、機能しない……こうしたことはどなたも日常茶飯事に経験しているのではないでしょうか。これを集積して形にすることに焦点を当てようというのがここのポイントです。つまり、多角的な角度からばらばらの点を線に変え、そこから見える木（システム）と森（全体）を集積することこそ、「木を見て森も見る」の重要なポイントであり、それがレジリエンスの考え方の軸に関わります。言い換えれば、1つ1つの木の重要な要素は、こうした「木を見て森も見る」アプローチを通じてこそ、形になることができる、機能することができるといえます。

　なお、ここで挙げた重要な要素（木）は、特別なことではなく、気づきやキーワードで述べたこととほとんど重なりますが、それにプラスアルファされたことも含まれます。A. 繋がり（リンケージ）では、人と人の対面繋がりに留まらず、情報、知識、様々なアクター、組織、専門性など、私達がもつ資源や物事を繋げて考えるため

の重要な点（木）を示しています。B. プロセスでは、そうした繋がりをさらに形にするためのプロセスやシステムを示しています。

　C. 時間では、日常と非日常、複数の時間軸、多様な世代を重視し（目の前にあることだけでなく、長期的な視点からも同時に見る、自分のことだけでなく、次の世代のことも考えて判断するということに繋がります）、古いものと新しいものを繋ぐことの重要性が示されています。D. スケールでは、問題にぶち当たったとき、それぞれの場所やモノや視野においてスケールを引き直して考えることの重要性が示されています。

◆　使い方について。

　このマトリックスで示すアプローチは、身の回りの小さな取り組みも、あらゆるプロジェクトやプログラム創りにも、組織、まち、コミュニティ、政策、社会創りにも、レジリエンスをその中で育て強化し、築いていく上で、ゆるやかに当てはめられるものであり、あらゆる場面で応用可能であると考えます（具体的にどのように当てはめられるかは後続章で見ていきます）。こうしたプロセスを通じて、私達の周囲にあるあらゆる素材をばらばら（点）のままではなく繋げ、線に変え、木を見て森も見て身の回りにある隙間に問題解決型のデザインを施していこうというアプローチに繋がっていきます。

2章　現代リスク社会

1.ダイナミックな変化

● リスクを捉えるための大切な個人の視点

　本題に入る前に現代リスク社会を理解する上で、基本的でありながら大切な個人の視点として、3つお伝えしておきたいことがあります。まず、リスクの多くにはそもそも目に見えにくい、予測が難しいという特徴があります。例えば、高齢化リスクなど一部のリスクは予測可能なものですが、多くのリスクは目に見えにくく、また一定ではなく、時間経過とともに変化するため、いつ、どこで、どんな形で実際に目の前にあらわれるか、予測が難しいのが現実です。このため、1人1人の「気づき」がここでも大切になってきます。

　2つめに、リスクが現実のものとなったときにその被害や影響を最小限にするための前提として、1）事前にリスクを認識し、2）その性質を理解し、3）そのリスクを小さくすることに自らが「関わる」ということが大切になります。つまり、ここでお話するような現代社会を取り巻くリスクの変化は、なかなか身近に感じられないことが多いかもしれませんが、身近な変化と自分を取り巻く環境の変化の関係を知り、理解し、自らその状況に向き合うということが重要です。

　3つめとして、リスクが人や社会に及ぼす影響は一様ではないということを理解しておく必要があります。リスクが現実のものとなったとき、同じリスクでも、貧困にある人、お年寄り、子供、女性、障害をもつ人々への影響はそうでない人たちに比べて大きくなります。

ただし、序章で述べたように、脆弱な立場にある人のレジリエンスが弱いというわけではありません。個人で生まれもったレジリエンスを身につけている人もいらっしゃいますし、経験や知識・情報や様々なネットワークなどを通して、レジリエンスを育て、強化することができるからです。

現代リスク社会への入り口

上記を踏まえて、現代リスク社会の全体像を見ていきましょう。現代リスク社会の入り口は、私達の身近に起きている様々な大規模災害にあります。

近年日本でも例年に見ない大型台風、豪雨、猛暑など異常気象を経験することが多くなりました。こうした傾向は、「気候変動に関する政府間パネル」（Intergovernmental Panel on Climate Change、IPCC）をはじめとする世界の科学者たちが、地球温暖化が起因となり異常気象が増大すると警告してきた現象の一端を示すものと考えられます。

過去10年（2003年-2013年）に起きた災害を振り返ると、世界で様々な大規模災害が起きています。犠牲者の数だけ見ても、2003年に欧州では熱波で約4万人、2004年に米国南部を襲ったハリケーン・カトリーナでは1800人以上、2009年から2010年にかけて発生したH1N1パンデミックインフルエンザでは1万人以上が亡くなりました。2010年にハイチを襲った地震では20万人が亡くなり、その後約8000人がコレラで死亡しました。

また2004年のインド洋スマトラ沖地震で25万人、2005年の南アジアのカシミール地震で8万人以上、2008年のミャンマーで起きたサイクロン・ナルギスでは、約13万8000人、2008年に起きた中国の四川大震災では、6万8000人以上、2010年のパキスタンで起きた洪水では2000人、2011年3月の東日本大震災（地震、津波、原発事故の複合災害）では約1万6000人、2011

年7月末〜約4か月にわたったタイの大洪水では800人以上、2013年にフィリピンを襲った大型台風「ハイエン」では、6000人以上の犠牲が出ました。このようにアジアで大規模災害が頻繁に起きていることも近年の傾向の1つです。

　こうした一連の傾向は、1つ1つの災害や、災害が起きた直後の犠牲者の数（点）だけでなく、あらゆる要素を繋げて（線で）見る必要があります。今後も直面し続けるリスク社会と深く関わるからです。日本の周囲を見ても、近く発生する可能性が高いといわれる首都直下型地震、東海・南海地震などの地震や火山の噴火をはじめ、今私達が目の前にしているような大規模災害が今後も起きる可能性があります。一方、今起きていることが今後の災害の見通しを反映するとは必ずしも限りません。後述するようなグローバル化、気候変動、都市化が要因となり、その影響として様々なリスクが複合化し、連鎖し、それに伴う問題は益々深刻になっていくと考えられます。

　さらに、こうしたリスクの複合連鎖によって、リスクに伴う不確実性も従来より益々高く、「いつ」、「どこで」、「誰が」、「どのように」災害に晒されるかという点で予測が困難になる傾向にあります。だからこそ、個々のリスクや災害を個別に見る「点」の視点ではなく、それらを線で繋げる視点が大切になります。また、様々な種類の災害やリスクへの対応の詳細を1つ1つ見る「木」の視点だけでなく、それと同時にどんな災害でもどのようなリスクにでも、最大限対応できるような仕組みを創るという「森」の視点が重要になるのです。

　こうした視点は、過去の経験や教訓を紡ぎながらどのように次世代に社会を繋いでいくか、さらにはどのように持続可能なコミュニティやまちや社会を創っていくかに繋がっていきます。あらためてここでポイントになるのは、私達を取り巻くリスクはダイナミックに変化していることです。このダイナミックな変化の詳細について、もう少し深く見てみましょう。

● 構造的な変化

　従来、災害は自然・人為的・技術的といった主な要因ごとに分類されてきました。従って、こうした分類に沿って、国でも、地方自治体でも、コミュニティでも、様々な災害のための準備対応がなされ、仕組みが構築されてきました。しかし、世界的な傾向として、こうした分類が実際に当てはまらない状況が起きています。複数の「従来の災害」が同時に発生したり、「従来の災害」と「現代

災害リスクの変化：従来の災害、現代の災害、複合災害（Clark, 2012）[6]

従来の災害	
地球物理学的／気象学的 台風／ハリケーン／洪水／高潮 地震 津波 地滑り 火山噴火 熱波／寒波 干ばつ	**生物学的** HIV／エイズ 動物媒介感染症（デング熱、インフルエンザ、マラリア、ウエストナイル、レッサ熱など） 肝炎 コレラ ジフテリア
人為的 テロ（化学、生物、核、放射能）	**技術的** 輸送機（航空・船舶・列車等）事故 有毒流出 ダム破壊
現代の災害	
気象学的 気候変動エルニーニョ南方振動（ENSO）	**生物学的** 鳥インフルエンザ／SARS エボラ出血熱 狂牛病
人為的 越境汚染（大気／水） 廃棄物投棄	**技術的** 原子力発電所事故 重要インフラの欠陥連鎖
複合災害リスク	
リスク重複（従来の災害リスク＋現代の災害リスク）	
リスク複合連鎖化（複数の従来・現代の災害リスクの相互作用）	

の災害」が重複したり、複数の災害リスクが相互に作用することによって、リスクの複合連鎖化が見られる傾向にあります（前ページの表参照）。こうしたことは、現代リスク社会における構造的変化であると理解しておくことが重要です。

　私達の日本社会を取り巻くリスク変化の要因を考えるときには、こうした災害リスクの変化に加えて、グローバルな環境変化、アジア社会の環境変化、日本社会の環境変化、と少なくとも3つの側面から変化を捉える必要があります（「日本社会を取り巻くリス

日本社会を取り巻くリスクの複合連鎖の概観

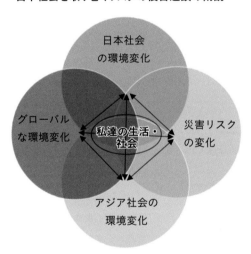

ダイナミックな変化の要因

グローバルな環境変化	気候変動による影響、国・人口・経済／サプライチェーンの相互依存、人口移動の増大、高齢化
アジア社会の環境変化	急速な都市化、沿岸部におけるアジアの史上例を見ない都市人口の増大、都市のスラム化、急速で大規模な人口移動（次節参照）
日本社会の環境変化	世界で最も深刻な高齢化（次節参照）、都市人口一極集中化（次節参照）、少子化、地方過疎化、エネルギー資源不足

クの複合連鎖の概観」参照)。それぞれの側面から、主なリスク変化の要因を挙げると、表「ダイナミックな変化の要因」のようになります。この変化を捉える上で最も大事なことは、自然リスクだけでなく、人の生活や社会の営みに関わる社会経済リスクが複雑に絡みあい、その複雑な相互作用の結果としてダイナミックな変化がもたらされる傾向にあることです。

　この中でも「グローバルな環境変化」の中の気候変動による影響は、温暖化、熱帯サイクロン、豪雨、熱波・寒波、干ばつ、異常気象、海面の上昇を含めて、アジア、日本をはじめ世界中で顕在化しています。こうした状況は世界のあらゆる資源に連鎖的に影響をもたらしており、環境破壊、食糧や水の確保の問題、生態系の変化、感染症の増大に至るまで、短・中・長期的に、広範囲かつ多面的に影響を及ぼしているのが特徴的です。

　こうした変化に加えて、見逃してはならない点として、経済社会のグローバル化の影響があります。様々な情報・技術革新によって、国・人口・経済／サプライチェーンが国境を越えてあらゆるネットワークで繋がれ、様々な協力関係を築くことができるというポジティブな側面がある一方で、こうした関係が強くなればなるほど、1つの地域での災害が、国境を越えて産業サプライチェーンに影響をもたらし、企業の経営、国の経済にと災害の影響が広く飛び火する状況が見られます。例えば、2011年のタイの大洪水により日系企業の多くが浸水被害を受け、生産・供給が停滞、あらゆる業界でサプライチェーンが寸断されました。全体の流れとして、アジアの都市化はこうしたグローバル化と大きく絡んでいます(詳細は次節参照)。

　このように現代リスク社会を見据えるにあたって、グローバルな問題やアジアの問題は決して離れた「点」ではなく、私達社会と直線ではなくとも何らかの「線」で繋がっているという視点から、捉える必要があります。次にアジア／日本に焦点を当ててこの変化をより深く見ていきましょう。

2.アジア・日本の視点から読み解く

● アジア社会の環境変化の視点から[7]

　アジアと一言で言っても、国によって社会、文化、経済、政治状況は様々で、包括的に捉えるのは容易くありません。しかし、どの国にも共通していえることは、程度の差こそあれ、前節で述べた急速な都市化を中心に災害リスク環境がダイナミックに変化しており、今後も大きく変容していくことが予想されることです。

　そもそもアジアは世界の中でも突出して災害の多い地域です。アジア開発銀行の報告書によると、2000年から2012年までの間に世界で起きたすべての自然災害の40%はアジアで発生していることが明らかになっています[8]。また世界の災害の統計を集計したCentre for Research on the Epidemiology of Disastersの報告書によると、2002年から2011年までのアジアにおける自然災害による死者数が世界全体の約87%を占めたのに対し、次に地域別で死者数の多いアフリカは世界全体の約10%、また2012年にはアジアの死者数は全世界の死者数の約64%を占めたのに対し、アフリカは約30%で、その差は縮まっているものの、地域比較においてもアジアの自然災害被害が抜きんでていることが示されています[9]。さらに国連の報告によると（2013年）[10]、過去30年において、低中所得層だけ見ても自然災害による直接的経済損失は3000億ドル以上にのぼるといわれていますが、実質コストはこれより遙かに大きな規模になると予想されているのが実情です。

　ここで、災害リスクの変化とアジアの環境変化との「関係」を

詳しく見てみましょう。ここではそれぞれの変化を「点」で見るのではなく「線」で見る観点から、個々の変化の詳細よりむしろ、アジアを取り巻く災害リスクと環境変化がどう連関しているか、どのような影響を及ぼしているかに焦点を当てます。また、それが人、特に脆弱な立場にある人々にどのような影響を与え得るかという観点も含めて見ていきましょう。

アジアに焦点を当てた場合のグローバル化、気候変動、都市化を要因としたリスクと、脆弱な人々との関係は極めて複雑ですが、それを概観したものが「アジアを取り巻くリスクの複合連鎖とその

アジアを取り巻くリスクの複合連鎖とその影響

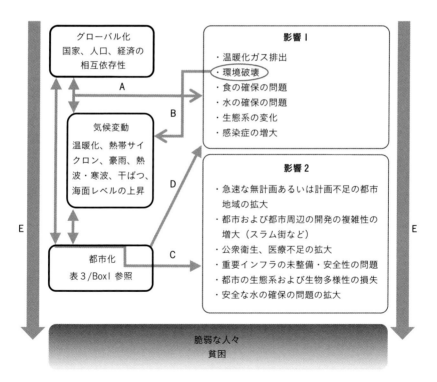

(清水　2014)

影響」のように示されます。この図を基に端的に次のように4つの側面から見ることができます。

　第一に、国家、人口、経済の相互依存性がますます高まるという背景をもつグローバル化は、気候変動の影響と連動することによって、温暖化ガス排出、環境破壊、食・水の確保の問題、生態系の変化、感染症の増大といった諸問題を生み出します（矢印「A」、「影響1」参照）。このようにして生み出されるリスクがさらに、その原因を助長している場合もあります。例えば、グローバル経済が進む中でアジア諸国がこぞって経済成長を目指す中、大規模な森林伐採やダム建設などによって自然が破壊され、またエネルギー資源や建設資材の採掘が盛んに行われる結果、グローバル化が牽引して生みだした環境破壊は逆にグローバルな気候変化の大きな原因ともなっています（矢印「B」）。

　第二に、第一の状況に都市化（居住地の人口密度が高まるプロセス）が連鎖し、特に集中的かつ急速に海岸沿岸部に広がる都市化によって、無計画あるいは計画不足の都市地域の拡大、都市および都市周辺の開発の複雑性の増大（スラム街など）、公衆衛生、医療不足の拡大、水・ガス・電気・通信などの人々の生活に欠かせない重要インフラの確保の問題、都市の生態系および生物多様性の損失、安全な水の確保の問題の拡大に繋がっていきます（矢印「C」、「影響2」参照）。

　そもそも都市化の根本的問題の1つは、急速な人口増大にあります。1970年代まではアジアのほとんどの都市は100万人未満であったのに対し、今日、多くが「メガシティ」に変容しています。人口1000万人以上のメガシティとよばれる都市は、2014年時点で全世界に28都市ありますが、そのうち16都市がアジアにあり、1000万人近くの都市も入れると、世界で人口が最も多い40都市のうちアジアは24都市を占め、その総人口は4億人近くにのぼります（「世界におけるアジアの都市人口」参照）。

　一方、人口の増大はさることながら、より重大な点は、アジアの

世界におけるアジアの都市人口

アジアランク	世界ランク	国	都市	人口（百万）
1	1	日本	東京 - 横浜	37.5
2	2	インドネシア	ジャカルタ（ジャボタベック）	29.9
3	3	インド	デリ	24.1
4	4	韓国	ソウル - 仁川	22.9
5	5	フィリピン	マニラ	22.7
6	6	中国	上海	22.6
7	7	パキスタン	カラチ	21.5
8	11	中国	北京	19.2
9	12	中国	広州 - 仏山	18.3
10	13	インド	ムンバイ	17.6
11	14	日本	大阪 - 神戸 - 京都	17.2
12	18	タイ	バンコク	14.9
13	19	インド	コルカタ	14.8
14	20	バングラデシュ	ダッカ	14.8
15	24	中国	深圳	12.8
16	28	日本	名古屋	10.2
17	32	中国	天津	9.5
18	33	インド	チェンナイ	9.4
19	34	インド	バンガロール	9.3
20	36	ベトナム	ホーチミン市	9.0
21	37	中国	成都	8.8
22	38	中国	東莞	8.7
23	39	インド	ハイデラバード	8.4
24	40	パキスタン	ラホール	8.3
計				392.4

出所：Demographia World Urban Areas（2014）[11]

アジアの都市化の特徴

①**沿岸地域に都市人口が集中**：気候変動の影響で海面レベルが上昇する沿岸地域に人口が集中している。第5回IPCC（2013年）によると、海面レベルは2010年までに18センチから59センチ上昇すると予想されており（より大幅な上昇を予測している科学者もいる）、沿岸地域に住む人口にとって海面レベルの上昇は深刻な問題であることは確実とみられる。そうした中、アジアの都市人口のうち、海抜10メートル以下に住む人々はアジア都市人口の18％と推定した研究結果がある[12]。これを2010年のアジアの都市人口に当てはめると3億400万人にあたる[13]。このように、気候変動による海面レベルの上昇の影響は、アジアの沿岸地域に集中する都市人口に大きく及ぶ可能性が高い。

②**急速に都市人口が増大／いびつな都市開発**：アジアの都市化は急激に進んでいる。アジアの都市人口は2000年から2030年までに倍増しており、2030年には世界の都市人口の半分以上を占めることになると予測されている（26億6000万人）[14]。中でも、北東アジアの都市化の速度はすさまじい（1990年の都市人口は4億3000万人程度であったのに対し、2020年には2倍以上の9億4000万人になると予測される）[15]。こうした急激な都市化は、いびつな都市開発に繋がる。人々の生活に欠かせないインフラの未整備や、③のようなスラム街の形成に繋がっている。

③**都市人口の多くがスラム街に居住**：アジアの都市人口の多くがスラム街に居住する。2010年推定データによると、約16億5000万人のアジア都市人口のうちスラムに住む人々は約5億人で約30％を占める[16]。こうした状況は後述する貧困と大きく関連する。

④**大規模かつ急速な人口移動**：アジアの都市人口増大は、国内・国際含めて人口移動によるものが大きい。東アジア全体では、1970年から1980年にかけて人口増大における人口移動による割合が45％を占めるに留まっていたのに対し、2000年-2010年には68％を占め、2020年までに72％になると推定されている[17]。人口移動の特徴や原因も様々で、経済機会を求めての地方から都市への人口移動のみならず、都市から都市への移動も多く、また自然災害や紛争によって強制的に移動せざるを得ないケースも含まれている[18]。こうした大規模かつ急速な人口移動は、無計画で未整備な都市開発に結び付き、個人の最低限の生活保障にも大きな課題を突き付ける。

都市化は画一的に広がっているわけではなく、時間的かつ空間的スケールにおいて多様な課題をもたらしていることにあります。その複雑な状況を左の「アジアの都市化の特徴」に示すように集約することができます。こうして集約してみると、主に4つの要因が連鎖し、相互に連関していること、また主に貧しい人々との関係を切り離して理解されるものではないことが読み取れます。

　第三に、第二で述べた都市化は、影響1をさらに助長する側でもあります。都市人口の増大は、陸地の3％以下に集中している反面、その影響はグローバルに及びます。より具体的には、全世界の排出ガスの78％がこの都市部で排出されており、さらに飲料水の60％、産業使用目的の木材の76％が同都市部で使用されています[19]。さらに都市人口増大がいびつな都市開発に繋がる状況においては、感染症を拡大させる恐れもあります（矢印「D」）。

　第四に、第一～三の側面の結果として、あらゆる負の側面が複雑に絡みあって、その負担がすべて脆弱な人々にのしかかることになります（矢印「E」）。さらにこうしたリスクは、全体的に経済成長、生活の質、社会の平等、国および社会の持続可能性にも大きな影響をもたらすことになります。

　このように、アジアの中の様々な変化を点でなく線で捉えると、複合的にリスクが連鎖し、刻々と変化し続けている状況とその多大な影響を見ることができます。こうしたダイナミックな変化が現代リスク社会に大きく関わっています。

● 日本社会の環境変化の視点から

　次に日本社会に焦点を当てて見てみましょう。私達が経験した東日本大震災は、まさにそうした現代リスク社会の課題を突き付けた災害でした。ここでは現代リスク社会の特徴（以下「現代リスク社会の特徴」をご覧ください）と東日本大震災との関係に焦点を当てて、日本社会の環境の変化を見てみたいと思います。

> ### 現代リスク社会の特徴
> 1) 様々なリスク要因が極めて複雑に絡みあって大規模災害に至るケースが多い。
> 2) リスクが実際の災害になってあらわれたときに直接・間接的にその影響がもたらされるセクターや地理的（空間的）範囲は広くなる傾向にある。
> 3) リスクに絡む問題や社会経済的影響が次々に連鎖する傾向にある。
> 4) その影響は、短・中・長期的に及ぶ傾向にある。
> 5) 「いつ」、「どこで」、「誰が」、「どのように」災害に晒されるかという点で、予測が極めて困難で、不確実性が増している。

「現代リスク社会の特徴」に示したことは、東日本大震災の結果に顕著に投影されています。1) の災害要因の複雑化については、よく言われるように、地震、津波、原子力災害という、これまでに別個に考えられてきたリスクが一度に起きた災害であった点は象徴的です。これに加えて、震災前から進んでいた高齢化や地方の過疎化の問題は、災害直後の対応、復興対応の問題をより深刻にしています。

2) 地理的・社会的範囲および 3) 影響の連鎖について、東日本大震災は津波・原発事故によって、甚大な人的物理的被害のみならず、社会経済に大きく影響を及ぼしました。その影響は、エネルギー・公衆衛生（特に放射能汚染）・農業・漁業・製造業・雇用・貿易・国際関係（特に放射能の海域および空気の汚染）というように幅広い産業、政策分野に連鎖し、短・中・長期すべてに及ぶ影響をもたらしています。

4) 短・中・長期的な影響について、東日本大震災は、震災直後の影響に留まらず、中・長期的にも大きな影響をもたらしているのが特徴的です。特に、震災後 4 年近く経た今でも災害の影響は大きく及んでいます。例えば、2014 年 6 月現在でまだ 25

万1000人の方が仮設住宅などに避難したままになっており[20]、東日本大震災後から2014年3月現在までに3000人以上の「震災関連死」(建物の倒壊や火災、津波など地震による直接的な被害ではなく、その後の避難生活での体調悪化や過労など間接的な原因で死亡すること)が報告されています[21]。さらに、復興計画において、防潮堤建設計画、放射能の除染の問題など、災害直後の問題だけでなく、復興の在り方次第で今後何十年にもわたって人々の生活や社会に影響する問題が山積しています。

　5)の予測困難性、不確実性も東日本大震災の至るところに顕著に現れました。「いつ」、「どこで」、「誰が」、「どのように」災害に晒されるか、いずれの点についても東日本大震災前は誰も予測できませんでした。東北地方を襲った地震、津波、それに伴う原子力災害について、その規模、範囲、影響ともに、残念ながら関連分野の専門家すらも想定できていませんでした。また災害直後だけでなく、東日本大震災から4年近く経った今も、いつ仮設住宅から出ることができるのか、いつ故郷に帰ることができるのか、いつ復興できるのかといった点で、予測が難しい状況が噴出しています。さらに言うまでもなく、原子力事故による放射能による影響も大きな不確実性をはらみ、日本社会に大きな影を落としています。

　100年に一度の大震災などと表現する場合がありますが、こうしたことを踏まえると現実に即した考え方ではありません。「点」の視点から見ればそうなのかもしれませんが、「線」の視点からみれば、東日本大震災を通して私達が経験していることは、ある意味現代リスク社会を表すものと考えられます。だからこそ、リスクや災害領域に関わらず、既存の組織や分野やコミュニティを超えて、東日本大震災から学ぶ教訓を社会の中で俯瞰して見直し、私達それぞれがそれに関わり「続ける」ことが重要になります。このポイントが「レジリエンス」と大きく関連します。

　日本の場合、もともと世界的に見ても地震や火山噴火など自然

リスクが多い国だけに様々なリスクについての個別の対処はなされてきました。その取り組みの成果あって、世界でも最も災害対応準備ができている国の1つと評価されますが、今そこに甘んじている場合ではありません。ここで焦点を当てているようなリスクの構造的変化は、私達が歴史的に見ても経験してこなかったものであります。アジアも含めて世界全体が直面している問題であり、日本がどのようにこうしたリスクの構造的変化の中で対応していくかは、世界が注目していることでもあります。

一方で、日本は、世界の中でも突出した特有のリスクを幾つも抱えています。まずその筆頭に挙げられるのが、高齢化です。日本の高齢化問題は世界で最も深刻であり、2030年までには、65歳以上の人口は全人口の約32%を占め、2050年までに約40%以上を占めるようになると予測されています。一方、労働人口が総人口に占める割合については、現在の56%から、2050年までには40%に落ち込むことが予測されます。こうした傾向は今後の災害対応にも、緊急対応も含めて様々な側面で大きな影を落としかねません。こうした中にあって、高齢化と災害対応がどのように連関していくのか、また高齢化を考慮したレジリエント社会とはどのようなものかが問われることになります。

また、アジア全体が直面している都市化とは少しタイプの違う都市化ですが、表「世界におけるアジアの都市人口」に示したように、東京・横浜の人口密集度は世界最大で、史上例にない規模（人口3750万人）であることも、レジリエントな社会を創るプロセスの中で考慮していかなければならない要素です。特にあらゆる重要な社会経済機能が都市に集中しているために、都市で大規模災害が起きたとき、他の場所に代わりになる機能を確保していなければ、社会を支えている重要な機能が停止することになりかねません。さらに都市においてはあらゆる重要なインフラが密接に繋がっているために、1つのインフラの機能が大きく社会機能を阻む可能性があります。既に東日本大震災のときでさえも、例えば電力、

電話、インターネットが遮断されたことにより、情報伝達の機能の欠陥に繋がり、それが医療機関へのアクセスを阻むといったケースも含めて多くの重要インフラが相互依存しているがゆえの脆弱な現実を、私達は目のあたりにしました。

　また、資源が乏しい日本はエネルギーや食糧において輸入に依存している状況があります。エネルギーについては、全エネルギーの約80%を輸入に頼っています[22]。さらに日本の食糧自給率（カロリーベース）は、1965年度の73%から大きく低下し、近年40%前後で推移しています。他の先進国と比べると、アメリカは127%、フランスは129%、ドイツは92%、イギリスは72%となっており、日本の食料自給率（カロリーベース）は先進国の中で最低の水準となっています[23]。

　東日本大震災で引き出された、現代リスク社会を反映するようなダイナミックな環境変化に加えて、こうした特有のリスクを俯瞰的に繋げて考えていくことによって、日本が晒されているダイナミックな環境変化を包括的に見ることができます。こうした視点から、今後日本が現代リスク社会にどう向き合っていくのかを考えていくことが喫緊の課題となっています。

3. 現代リスク社会とレジリエンスの関係

　こうした複合連鎖リスクを中心としたダイナミックな変化に直面している現代リスク社会に対して、私達の従来のアプローチ、やり方だけで果たして対応できるでしょうか？　ここから現代リスク社会とレジリエンスの関係がはじまります。現代リスク社会のポイントと、気づきやキーワードから見た1章で述べたポイントがこのポイントで協奏することになります。特に現代リスク社会とレジリエンスの接合部分へと繋がる入り口には、次の3つを見ることができます。

● **入り口I**　これまでの取り組みの多くは、全体的には災害マネジメントあるいは防災といった専門分野の枠でくくられがちで、個別には、地震・津波・火山・洪水といったように災害あるいはリスクごと、あるいは分野別、セクター別、業界別、組織別になされる傾向にありました（詳細は後述）。もちろんこれまでの取り組みは貴重で、新たな課題への対応の下地になるものは既に多く存在します。ただこれまでに述べたように現代リスクは問題が極めて複合連鎖化し、それも刻々とダイナミックに変化しているからこそ、それへの対応も極めて綿密なアプローチ、特に人、情報、技術、時間、資源を含むあらゆる要素を繋ぐアプローチが必要になります。それを踏まえてダイナミックな変化に圧倒されないような仕組み創りが要求されます。

　こうしたことに対応していくためには従来のやり方だけでは十分ではありません。このために、従来のアプローチのどこに隙間があるかを木（詳細）の視点からも森（全体）の視点からも見つけだ

して、その隙間を小さくするための仕組みを創っていく必要があり、このポイントがレジリエンスと深く関係しています。その仕組み創りには、1章で述べた「レジリエンス組み立てのための森と木の視点」を指標の1つにすることができます。このポイントを踏まえた現代リスク社会への対応は、一部の関係者だけで実現することは不可能であり、私達1人1人にかかってくる問題であり、私達の今後の社会デザインのアプローチが未来社会を大きく左右することになります。

● **入り口2** 現代リスク社会の大きな特徴である予測困難性、不確実性は、現代リスク社会を克服していく上で最も厄介な問題で、これまでの災害対策だけでは対処しきれない大きな問題です。なぜなら、「リスクはこれである」、「これだけの確率でリスクが現実のものになる可能性がある」ということが分かっていれば、その「これ」と分かっているリスクをできるだけ小さくする対応をすればいいですし、最も起こる可能性が高く、最も影響が大きいものを優先して対応すればよいことになります。一般的に、リスクマネジメントでは、リスクが実際に起きる確率を重視し、それに基づいてリスクを最小限にするためのマネジメントが行われます。しかしそれだけでは、予測困難性、不確実性を大きく伴う現代リスク社会では対応しきれないという現実があります。

　レジリエンスのアプローチでは、1つ1つのリスクが起こる「確率」ではなく（細かく発生確率は何%かといったことを基準として対応を判断するのではなく）、リスクが起きる「可能性」を重視し、どのようなリスクが現実のものになっても、組織、コミュニティ、社会が停止する（折れてしまう）ことがないように、レジリエンスを育て、強めていくことに主眼が置かれます。いつどのような形でリスクが実際に起きるのか、いつも不確実性を伴うからこそ、1つの場所で特定のリスクが実際のものになるまで待っていては手遅れです。そうであれば、実際に起きてしまった災害からの経験や、

教訓を、様々な現場や専門領域を超えた知識、情報と有機的に繋ぎあわせ、その協働知を広く共有し、常に学び続けながら、自分たちが関わる組織、コミュニティ、社会をより良くしていこうというプロセスが大切になります。このポイントに、現代リスク社会とレジリエンスの接合部分が見出されます。

● **入り口3** こうしたレジリエンスを築いていく上で重要なことは、やはりその「プロセス」です。レジリエンスは一日で築けるものではありません。「日常」にできていることが、いざというときの対応のすべてを反映します。どんなリスクでも、例えば大地震でも、火山噴火でも、パンデミックインフルエンザやエボラ熱でも、異常気象でも、危機が起きるぎりぎりまで何もしないで、突然差し迫られて、急に何かをつくる、あるいは変更をしても、日常にできていないことを危機の時に機能させることは極めて難しくなります。レジリエントな社会を創るということは、いざという時に慌てた対応にならないように、日常から冷静に考えていこう、というのが根底にあります。1章で日常のサッカーの練習の例えや、非日常時（災害時）のためのコミュニティに求められる日常時の備え、オクラホマ市爆破事件当時のFEMAの組織のことを例に挙げましたが、こうした例えは、このポイントにまさに通じます。

一方、「そんな大規模災害はめったに起こらないのでは？　そのためにお金や時間はかけられない」という考え方が一部にあります。そうした考え方に対して、2つの考え方を示します。1つめとして、レジリエントな社会を創るということは、必ずしも余分なお金や時間やエネルギーを費やすことではありません。それと反対に、様々な繋がりを重視し、あらゆる資源をうまく組み合わせることを重視したアプローチを通して、無駄を小さくし、前述したようなネットワークの仕組み創りを通してもっと人、あるいはコミュニティ、社会本来がもっている力を集約して、日常的にアクション可能な状況をつくっておくことです。

2つめは、洪水や台風といった日常的に起きる小さい災害により良く対応する方法も、まれではあるが起きると影響が大きい大規模な複合連鎖災害についても、それぞれの対応方法はかけ離れたものではないはずです。最大限被害を小さくするための準備は、小さい災害から大規模災害まで共通します。大規模災害に対応できるものは小規模災害にも対応できます。つまり、災害環境の変化に応じてどのような状況にも対応可能な状況を日常的に構築しておくことによって、いざという時に社会システム全体が機能し続けることができると考えられます。

現代リスク社会とレジリエンスの関係の入り口から今度は少し奥に入って、その関係性をより具体的に見るため以下の2つの切り口から踏み込んで見てみましょう。

● **切り口 I**　現代リスク社会の中でもより「人」にズームをあて、現代リスク社会とレジリエンスの関係を見るとき、次のような示唆があります（2008, Oxfam[24]）。

> 脆弱な層、特に貧しい人々および女性は自然災害で誰よりも死に晒されやすい。（中略）国家および下部組織の政策および計画によって決定される社会条件および構造は、誰が最も脆弱かまた誰が最もレジリエントかを決める。その結果が災害の結果に影響する。

ここの示唆から引き出されることが2つあります。1つは、脆弱な人々は特にその人々自身がレジリエントかどうかだけでなく、国家や地域レベルの政策や計画によって規定される社会条件や構造が、その人々の脆弱性やレジリエンスに大きく影響すること。もう1つは、災害に関わる政策や計画・条件および構造は、脆弱な人々が置かれた状況に直接向き合い、直接関わるものであるこ

「人」の視点から見たレジリエンスと災害リスクマネジメントの構造との関係

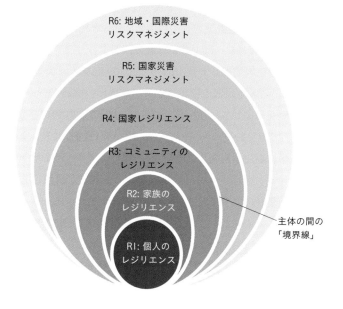

(Allen Clark 博士[25] の原案に、筆者修正加筆)

とが重要であるということです。こうした現代リスク社会の中の「人」と「社会」と「レジリエンス」との関係性を、さらに踏み込んで見ていきましょう。

その関係性をもう少し構造的に示したものが「「人」の視点から見たレジリエンスと災害リスクマネジメントの構造との関係」の図に示されます。この図は、人、家族、コミュニティ、国レベルのレジリエンスの関わり、また現代リスク社会を守るための国や地域・国際機関の政策、計画に関わる災害リスクマネジメントとの関係性を示したものです。

この図では特に、R1（個人）から、R2（家族）、R3（コミュニティ）、R4（国家）まで、それぞれがレジリエントであることだ

けでなく、R1-R2、R2-R3、R3-R4といったようにそれぞれの主体の「間」、つまり「境界線」についても、前述のようなあらゆる要素が繋げるといったことを含めてレジリエンスの性質が組みいれられることの重要性が描かれています。

　また、国や地域・国際レベルの災害マネジメント（R5、R6）の中でR1、R2、R3、R4を重視した政策・手続きが実施されていなかったり、それぞれの政策・手続きがばらばらであったり、連動して機能しなかったりすれば、R4の国のレジリエンスに影響し、その影響がさらにR1、R2、R3のレジリエンスに影響してしまう可能性があります。そうした状況は人や家族、特に脆弱な人々、恵まれない人々あるいはコミュニティのレジリエンスに大きな影響を及ぼします。このように、人とその他の主体、又は災害に関わる政策・計画と、レジリエンスの関係性をここで読み取ることができます。

● **切り口2**　さらに切り口1の先を見通す上で、1章で紹介したレジリエンスと関係の深い「システムズ・アプローチ」を現代リスク社会全体との関係に当てはめてみると（次ページ「現代リスク社会における木と森と境界線」を参照）、主に次の3つのヒントを得ることができます。

　1つは、これまでに見たような現代リスク社会に関わる環境変化と、その変化の渦中にいる「人」を守るための社会を中心に据え、その社会（森）を構成する多様な主体やシステム（木）（以下、重層的な木）のレジリエンスの重要性です。

　2つめは、そのように重層的な木のレジリエンスと同時に、「木」と「木」の間、つまりシステムとシステムの「境界線」のレジリエンス機能の重要性です（ここに政策システムが入っているのは、意外に思われる方がいるかもしれませんが、その解き明かしは8章へ）。

　3つめは、それぞれの「木のレジリエンス」と「木と木の間のレジリエンス」が日常的に繋がってこそ、現代リスク社会に対応す

現代リスク社会における木と森と境界線

- 「木」と「木」(システムとシステム)はそれぞれ独立して機能する必要がある。それと同時に、森全体を見据える上で「木」と「木」を繋げる「ハブ」になるような調整機能が不可欠である。
- その「ハブ」を実現するためには、木の各部位(例えば、葉や根。システムを成り立たせている個々のシステム)の①機能、②その機能を取り巻く環境の変化、および③それぞれの機能の「境界」を詳しく見る(分析する)必要がある。そうしながら「木」を有機的に俯瞰的に繋いで「森」を創る必要がある。
- 「木」と「森」を機能させるために、「継続的にチェックして更新する」ことが必要不可欠である。

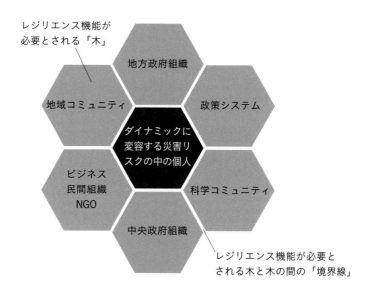

※ 「境界線」については、単に図の通りの隣の木と木の間ということに限定するものではなく(例えば、「中央政府組織」と「科学コミュニティ」というように)、図では離れている木と木、例えば、「中央政府組織」と「地域コミュニティ」の境界線も、同様に当てはまるものとして示されている。

るためのレジリエントな社会創りが可能になるということです。その繋がりの対象としては、人、資金、情報・知識、技術などが含まれ、いざというときにすぐアクション可能な、俯瞰的、体系的・有機的なアプローチが重視される必要があります。

　多くの方には上記は大それたことに聞こえるかもしれませんが、「森」と「木」を何と見立てるかは、ケースバイケースです。ここでは現代リスク社会全体を「森」と見立て、個々の主体やシステムを「木」と見立てていますが、例えば中央政府組織全体に焦点を当てる場合、中央政府組織全体を「森」、それぞれの省庁を「木」と見立てることもできますし、1省庁を「森」として、各部局を「木」と見ることもできます。もっといえば、1プロジェクトを「森」と見立てれば、それぞれの担当を「木」と見立てることもできます。こうした例では各省庁間または各担当部署間が、システム間、主体間の「境界線」に相当します。社会に関わる1人1人が、森と木、木と木の間、木と森の繋がりを意識することによって、「木も見て森も見る」社会創りに一歩ずつ近づくことができると考えられます。

　特に、全体的に現状の取り組みの観点から、こうした考え方とのギャップ、つまり全体的な「隙間」をここで簡潔に触れておくと（詳細は3章へ）、災害系の政策的取り組みや専門家の研究の現状でいえば、地域コミュニティのレジリエンス、あるいはこの図は表記していませんが、物理的レジリエンスに焦点が当てられる傾向があります。また、企業など個々の組織のレジリエンスもクローズアップされるケースも見られます。しかし、ここで示しているような重層的な木を対象にしてレジリエンスを考えたり、木と木の間のレジリエンスを重視したり、ということはまだまだ少ないのが現状です。他方で、東日本大震災の教訓は至るところで、この重層的な木とその木と木の間、または主体と主体あるいはシステムとシステムの間の「境界線」にスポットライトを当てたレジリエンスの大切さを教えてくれています（詳しくは4章、7章へ）。

3章　萌芽と隙間

1. 世界の現場から

　実際に、これまで述べてきたようなレジリエンスは組織、コミュニティ、社会の中にどのように見出すことができるのでしょうか？その程度は様々であっても、どの人にも生まれながらにしてレジリエンスの素質が備わるように、どの組織にも、コミュニティにも、社会にも、至るところにレジリエンスの種はあるはずです。しかしここでの焦点は、ダイナミックな環境変化に対応できるだけのレジリエンスを、どのように、育てるか、強化するか、組み入れる・築くかです。そうした観点から見て、実際の社会で「レジリエンス」はどのように形にされ、世界でどのようにプログラム化されてきたのでしょう？　このことを以下に検証します。

　世界全体を見渡すと、レジリエンスに関わる数々の取り組みがある中にも断片的な様相が見られる一方、1、2章で述べたことを踏まえたレジリエントな社会創りに連なり得る、いわばそれへの萌芽ともいえる取り組みも多く見られます。詳細なケーススタディについては、東北とニューヨークのケースでじっくりお話します（4、5章）が、ここでは「レジリエンス」に関わる世界の主なプログラムについて紹介しながら、その「萌芽」と、レジリエンスのアプローチから見た場合のギャップ、つまり「隙間」について見てみたいと思います。

　なお、この世の中に存在する「レジリエンス」という名前を使ったプログラムのテーマの焦点も様々で、またそのプログラムの中には、1章にある「レジリエンス」の本来の奥深い意味合い（以

下レジリエンスの芯、と表現します）を汲み取ったもの、あるいは2章のダイナミックな環境の変化を斟酌したような取り組みもある一方で、そうでないものもあります。そうしたところにも、レジリエンスと社会を考える上での「隙間」があることを念頭において、組織、コミュニティ、さらに市・国・国際機関のそれぞれの切り口から、主なレジリエンス・プログラムの実例を次に見ていきましょう。

● **組織におけるレジリエンス・プログラム例：Stockholm Resilience Center（ストックホルム・レジリエンス・センター）**

「ストックホルム・レジリエンス・センター」（SRC）は、その組織の活動の焦点やその組織創りにおいて、世界のレジリエンスに関わる組織の中でも、レジリエンスの芯に触れる側面を幾つももちあわせ、レジリエンスを社会に組み入れていくための活動を具体的にしている、世界の中でも数少ない組織の1つです。

SRCは2007年に、変革する力と発展し続ける力としてのレジリエンスを特に重視し、社会と生態系を俯瞰的に見た（以下、社会―生態系）のシステムのガバナンスの研究を促進し、長期的な持続可能性のためのレジリエンスを確保することをミッションの1つとして、ストックホルム大学と「王立スウェーデン科学アカデミー」の共同イニシアティブとして設立されました。ストックホルム大学に属する組織である一方で、独立した国際理事会が、センターの事業の方向性や、科学面と様々なステークホルダーへの働きかけの成果、組織的な構造と展開、財務について責任をもつという、ユニークな経営の仕組みになっています。

特にSRCが外部とのコミュニケーションにかなり力を入れていることが特徴的です。環境や科学コミュニケーションを専門とするAlbaeco（1998年にストックホルム大学の自然資源マネジメントの研究者によって創設された非営利組織）がSRCの異なる分野

間、組織間、および主体間のコミュニケーション展開に大きく関わり、そのコミュニケーションを通して自然・科学と社会を繋ぐことが重視されています。メディア、政治家、政府、地方、欧州地域、国際社会それぞれへの働きかけが顕著で、また様々なステークホルダー（市民、企業、政府…）と協働でプロジェクトを動かしながら社会を変えていくための取り組みが行われています。さらに「レジリエンス」を様々なステークホルダーに伝えるためのコミュニケーションの手段としてアートと連携し、絵画や音楽、詩、写真と科学や自然を組み合わせたプロジェクトが多く実施されているのも特徴的です。

余談ですが、私は、あらゆる人とのコミュニケーションを通してこそ、協働で知を繋ぎ、行動に繋げることができる、それを通してレジリエンスを育て、社会に組み入れていくための「プラットフォーム」を創ることができると考えています。本書もこれを意識して、あるいは無意識の中で捉えながらアートの力を借りて制作しています。レジリエンスを社会で育てていくためには、伝えていくこと、「変化」への気づき、「予期しないこと」や「今目に見えないもの」に向き合うこと、周囲にある素材を如何に組み立てるかに集中すること、既存のものを組み合わせて再創出することが必要不可欠で、そういったキーワードが、アートの中にあるキーワードと重なってくるからです。

話を元に戻しますと、SRCで主眼が置かれている6つの研究テーマは、「Landscapes（ランドスケープ）（ローカルとグローバルのスケールを繋ぐことを重視）」、「Global Dynamics（グローバルダイナミクス）（人間の行動と地球環境の相互関係重視）」、「Marine（海洋）（海洋および沿岸システムにおける「社会―生態系」のダイナミックス）」、「Stewardship（スチュワードシップ）（「社会―生態系」のレジリエンスを構築するための多層レベル（社

会、制度、経済、生態系）におけるガバナンスの基盤の分析）」、「Regime Shifts（レジームシフト）（ケーススタディを通して「社会—生態系」システムの構造と機能に関わる変化の分析）」、「Urban（都市）」から構成されています。このように、「分野横断的」、多角的な視点から異なる分野の研究者による「協働」による研究、「研究と実践」の連携を通して、さらに「問題解決型」の研究が重視されています。例えば都市分野での最近の研究プロジェクトでは、"a new hub for urban research"（都市研究のための新しいハブ）をテーマに、社会—生態系の都市システム研究のハブ（中核地点）を創るための可能性についての実効性研究が行われています。ここでは、社会と生態系および都市システムという側面から「分野横断的」に研究ハブを創るという側面から「協働」、ハブ創設の可能性についての実効性研究という側面から「研究と実践」の連携、または問題解決志向に重きが置かれています。

　総じてSRCは、持続可能な社会、特に社会と生態系を繋ぐシステムに焦点を当て、どのように多くの人々を巻き込みながら長期的に社会を変えていくかを重視しています。それを可能にするための組織創りやプログラム創りは、1章で述べたレジリエンスの芯に多く触れるものがあります。こうして見ていると、世の中に散在する名前だけになりがちな分野横断的研究とは異なり、レジリエンスの芯を核に据えて研究を実施し、そうした研究を問題解決方向に結び付け、多くの人に伝え、社会の適応やイノベーションに繋げていくことを実践しようとするSRCの活動は、レジリエンスを仕組み化する上での先端の取り組みとして注目できます。まだ緒についたばかりですが、まさにレジリエンスを社会に組み入れていくための萌芽を示すものと見ることができます。

● コミュニティにおけるレジリエンス・プログラム例：
　Project Impact（プロジェクトインパクト）

　時代は 15 年以上前に遡りますが、米国はクリントン政権時代の 1998 年、1 章でも紹介した James Lee Witt 長官の下で FEMA は "Project Impact: Building Disaster-Resistant Communities"（プロジェクト・インパクト：災害に抵抗力のあるコミュニティの構築）と称する大型プログラム（1998 年に 3000 万ドル／1999 年-2002 年に 2500 万ドルの連邦予算プログラム）を設けました。プログラム開始時はワシントン州シアトル市を含む 7 つの都市でパイロットプロジェクトとして開始しましたが、効果的であると第三機関に評価され、2000 年には 250 の都市まで実施対象が広がり、2500 の企業が参画するまでに拡大展開されました。このプログラムに「レジリエンス」という名前は使われていませんが、今日でも、National Academy of Sciences（米国科学アカデミー）といった米国のトップの専門家会合においても、レジリエンスをどのようにコミュニティの中で構築していくかをテーマに話し合われるときに、事例として何度も引き出される米国政策史上に足跡を残したプログラムです。

　ここで実例として挙げているのは、そのためだけではありません。資金は連邦政府から出資されていても、そのプログラムの企画から実施まで、コミュニティ主体で運営される仕組みになっていること（→市民の自主的参加、財務面、運用面、意思決定面のリンケージ）、またプログラムの主な骨子についても以下に見るように、1 章に示した「レジリエンス組み立てのための森と木の視点マトリックス」（以下、「マトリックス」）の木の要素と大いに重なるからです。**（以下、本章のすべての事例で、その重なる部分を→で明記します。）**

- 企業、市民、地方政府、教育、医療関係者の代表間のパートナーシップの構築を通してプログラムを運営（→多様なステークホルダーの参画）
- そのステークホルダーが主体になってコミュニティのあらゆるリスクのアセスメントを実施（→市民の自主的参加、多様なステークホルダーの参画）
- コミュニティ全体にあらゆる情報を開示し、リスクを小さくするための優先課題、手段、資源、アクションを明確にしてプログラムを運営（→オープンな情報、知識協働創出システム）

　残念ながらこのプログラムは、クリントン政権からブッシュ政権交代を機に予算枠から外され、2001年に終了しましたが、その後この取り組みを踏まえて独自の取り組みを継続させてきた地域もあります。例えば、ワシントン州シアトル市などは、終了した後も「シアトル・プロジェクト・インパクト」として市の施策として、地域のパートナーシップを促進するためにこの取り組みを続けてきました。このように、政治の影響を受け、全米レベルのプロジェクト展開は中止されたということにおいて課題を残しましたが、このプログラムは、特に上記のレジリエンス要素を具体化した部分において、レジリエントなコミュニティ創りのヒントになるものと考えられます。

● 市のレジリエンス・プログラム例：
　　ニューヨーク市のレジリエンス・イニシアティブ

　米国ニューヨーク市は、アートから金融まであらゆる面で世界をリードする都市ですが、2章に示した気候変動と都市化の相互的影響に世界に先駆けて取り組んできた都市でもあります。この気候変動と都市化に伴う複合リスクを重視したニューヨーク市は、2006年当時のブルームバーグ市長のリーダーシップの下、

"Long-Term Planning and Sustainability"（長期的計画と持続可能性）と名付けられた市長室が設けられ、2007年には同室のイニシアティブで"PlaNYC"と称するニューヨーク市のレジリエンスを高めるための取り組み（"Resiliency Initiatives"と呼ばれる）を開始しました。このイニシアティブの下、4年ごとに「気候変動と持続可能性」のための長期的計画をたて、毎年どれだけ進展したかを市民に示す報告書を公開する仕組みがはじまりました。（→一貫性のあるアプローチ、オープンな情報）。こうした計画の中には、植材からエネルギー効率化に至るまで127ものイニシアティブが含まれ、計画、資金、実施、レビューまで一貫してプログラム化されており、また毎年実施状況が報告・公開されることが特徴的です（→一貫性のあるアプローチ）。

そうしたイニシアティブの下で、科学者、法律、保険、リスクマネジメント専門家などから成る専門家が招集され、"New York City Panel on Climate Change"（NYCPCC、気候温暖化に関するニューヨーク市パネル）が設立されました。これを中核にして、あらゆるデータや情報が集積され、それに基づいて気温の上昇、降雨量の増大、海水レベルの上昇、異常気象を含め、ニューヨーク市の施策に関わる独自の影響予想が継続的に行われてきました。さらにこうした情報は市民に公開されてきました（→協働知創出システム、オープンな情報）。

その後2012年10月29日にハリケーン"Sandy（以下、ハリケーン・サンディ）"によって、市内の海岸沿岸部を中心にインフラ機能が麻痺し証券取引所も一時機能停止し、43名が犠牲になりましたが、周辺のニュージャージー州の各市などに比べて、その被害は最小限に留められたと多くの災害専門家が評価してきたケースでもあります。しかし当のニューヨーク市はその結果に満足せず、ハリケーン・サンディ以降もさらにこれまでのイニシアティブを強化していく方向で動いてきました。2012年12月には、ブルームバーグ市長はさらなるリーダーシップを発揮し、"Special

Initiative for Rebuilding and Resiliency (SIRR)"(「再建およびレジリエンシィのための特別イニシアティブ」）と名付けたイニシアティブを立ち上げました。

このイニシアティブは、「ニューヨーク市がよりレジリエントになるために」という目標の下、1）どのように中長期的に市全体のインフラを改善し、レジリエンスを構築するか、2）どのようにハリケーン・サンディの影響を受けたコミュニティのレジリエンスを高めるために地域の再建を図るかに焦点が当てられています。その一環として、ニューヨーク市が今後どのように気候変動と都市の問題に向き合っていくか集中的に討議するため、6か月間集中的にあらゆるステークホルダーと議論を重ね、2013年6月に、430頁の報告書、250項目の政策勧告をまとめあげました。これは報告書の長さや提案の多さに意義があるというよりむしろ、このイニシアティブの仕組みに関わる以下の点で注目できます。

- 6か月間の間に集中的に連邦・州政府（30以上の組織）、コミュニティ、ビジネス組織（320以上）、市民（公開ワークショップを11回開催）と対話を行い、その結果に基づいて報告書を発表（→多様なステークホルダーの参画）。
- 例えば気候変動関連の最新データが複数の機関（NYCPCC、連邦政府海洋大気庁（NOAA）など）の協力を得て統合され、NOAA、FEMA、米国陸軍が協力し、それを用いて"Sea Level Rise Tool for Sandy Recovery"を開発（将来の海面レベル上昇を理解し、復興計画に資する目的）し、NYPCCがそれを用いてシナリオを策定するというように、科学コミュニティと政策コミュニティの協働による具体的な仕組みがつくられている（→多様なセクターや組織間のインタラクション、協働知創出システム）。

具体的な政策勧告としては、"Full-Build Projects"と呼ばれ

る沿岸部の統合防水壁、堤防等の強化プロジェクト、医療機関・老人施設等の建築基準強化プロジェクト、電力・通信・その他重要インフラ業者および科学者と協働による、気候変動リスクがインフラに与える影響分析プロジェクト、コミュニティのためのレジリエンス計画の策定などが含まれます。この政策内容は、主に物理的な側面の対策が多く含まれますが、そのプログラムづくりの仕組みをじっくり見ると、全体的に以下の点で1章の「マトリックス」の木の要素と大いに重なることが明らかになります（上記に→に示したものが具体的にそれに関連するアプローチです）。

- 気候温暖化と都市化の連鎖を中心とした複合リスクに関わる問題を包括的に市の中核となる政策として取り組んでいること。
- あらゆるステークホルダーを包括的に政策形成に取り込む仕組みを構築していること、特に科学コミュニティの集合知（科学知）と政策コミュニティの集合知（政策知、詳細は8章で）と市民を繋ぐ仕組みが重視されていること。
- リスク情報を市民に公開し、情報・知識協働創出プロセスのための仕組みを構築していること。

ニューヨーク市長は2014年から新市長、デ・ブラジオ氏に交代になりましたが、こうしたレジリエンスに関わるイニシアティブはそのまま引き継がれ、"Long-Term Planning and Sustainability"市長室は、"Recovery & Resiliency"（復興&レジリエンシィ）市長室と名前を変えながら、長期的なレジリエンスへの取り組みは続いています。実際に、上記のSIRRの250の政策勧告は、10年以内にすべて実施完了するという計画であり、それを実現するために様々なイノベーティブ（Innovative）（注：この言葉は1章で述べた「イノベーション」の定義に基づいて使っています）ともいえるレジリエンスに関する仕組みが進められています。一方、

経済活動の中心から離れた地域や、貧困地域には、未だこうした政策が行き届いていない面（隙間）も見受けられます。このように取り組みは未だ緒についたばかりといえますが、世界の中でもレジリエンスを社会に組み入れ、創る取り組みにおいて最先端を行く都市として注目されます（ニューヨーク市の詳細なケーススタディは5章へ）。

● 国の政策プログラム例：米国と豪州

「レジリエンス」という言葉が国の政策プログラムに使われるようになったのは、近年のことです。近年、特に先進国は率先して、安全保障の視点、あらゆる包括的な災害リスクマネジメント、あるいは持続可能な社会、それぞれの視点から主要な政策プログラムの中でレジリエンスに注目してきました。

例えば米国では、2009年オバマ政権下で、ホワイトハウスの国家準備体制、緊急対応を担当する各部局が、国家安全保障スタッフ（National Security Staff）の「レジリエンス部門」に統合されました。さらに2011年には、オバマ大統領は「大統領政策指示8（Presidential Policy Directive-8（PPD-8））」の中で、「米国の安全保障およびレジリエンスを強化する」ことを指示しました。この中で「国土安全保障省が調整機能となり、システマティックな準備体制を通じて、米国の安全保障およびレジリエンスを強化する。自然災害を含むすべてのリスクに対してシステマティックな準備態勢を構築する」としています。

こうして「レジリエンス」が米国の最優先政策課題の1つになった背景には、ハリケーン・カトリーナの教訓が背景にあると考えられます。2005年の8月の米国史上最悪の自然災害になったカトリーナ・ハリケーンでは、死者1100名以上、家屋崩壊21万5000棟以上、失業者22万人以上という被害がもたらされました。2001年に起きた同時多発テロ事件以降、あらゆる危機管理に関

する組織が国土安全保障省という新しい大きな省に統合されましたが、その後起きたカトリーナ・ハリケーンでは災害対応に関わる各組織の連携はうまく機能しませんでした。またその災害の直前につくられていた国の対応計画（National Response Plan）の中で「危機的事態では、対応計画・戦略に十分柔軟性があること、さらに予期せぬニーズや要求に効果的に対応することが要求される」ことが警告されていたにもかかわらず、カトリーナ・ハリケーンの対応に反映されませんでした。その後の専門家によるカトリーナ・ハリケーン対応の全体的な評価の中で災害対応において「レジリエンス」の側面が欠如していたことが明らかになりました。

　オバマ政府は、そのPPD-8の中で、国土安全保障省が「包括的な取り組みの調整機能を果たす」こと、「コミュニティ、民間セクターがレジリエンス向上の中心的役割を果たす」ことを指示し、その方針を軸にして国土安全保障省やその他の省庁が様々な政策を打ち出しています。一方で、調整機能や災害リスク別ではなく包括的な観点からの取り組みが重視されることまでは明確であるものの、そもそもこれまでの危機管理の考え方とどこが異なるのか、どのように「レジリエンス」を政策の中で仕組みづけていくのか、機能させていくのか未だはっきりとしないままの状況が見られます。こうしたことに関連して、米国科学アカデミーは「個人、コミュニティ、州、国家レベルでレジリエンスの問題を扱う上で連邦政府がどのように調整機能を果たすのかが必ずしも明確でない」、「「調整プロセス」がレジリエンスという共通のビジョンのもとに定義されるべき」ことを指摘しています（2013年）。こうした指摘は、実際の政策レベルでレジリエンスを政策に仕組みづけていく上での大きな課題を示すものであり、政策プログラムにおける実践上の「隙間」と捉えることができます。

　またオーストラリアは、近年大きな山火事や干ばつや洪水など様々な自然災害に晒されてきたことを受けて、先進国の中でもいち早く国家の政策に「レジリエンス」を意識して取り込んできた国です。

2008年に、"National Disaster Resilience Framework"（国家災害レジリエンス枠組み）を発行、2011年には、それをより具体化したものとして、"National Disaster Resilience Strategy"（国家災害レジリエンス戦略）が発行されました。この国家戦略は、レジリエンスと災害対応との関係に焦点を当てるものとなり、レジリエンスを危機管理対応関連機関だけでなく、中央および地方政府省庁、企業、コミュニティ、個人それぞれの「共有責任」であるとして位置づけました。この戦略に沿って"National Partnership Agreement on Natural Disaster Resilience"と呼ばれる州と自治体のパートナーシップが構築されたり、災害前のレジリエンス資金を提供する仕組みを作ったり、科学産業研究機関、気候変動適応研究機関、山火事研究機関などが分野横断的に参画する「レジリエンス研究」が実施されるなど、様々な取り組みが行われてきました。

　一方、こうしてレジリエンスをいち早く国家戦略に位置づけてきた豪州の関係者の間でも、「従来の政策や政府プログラムでは、社会的に複雑な政策に直面する上で必要不可欠な対応の変革を効果的に行うには十分ではない」、「レジリエンスを実施するためには、段階的で包括的な政策枠組みを構築することに並行して、それに対応するための組織的課題を克服しなければならない」という点（隙間）が指摘されています。これらの指摘も、政策レベルでレジリエンスを実施する上での大きな課題であり、現状の「隙間」と捉えることができます。

● 国際機関の政策プログラム例：
Hyogo Framework of Action（HFA）2005-2015
（『兵庫行動枠組み2005－15年』）

　今や様々なレベルの国際機関、国連、世界銀行、アジア太平洋経済協力機構（APEC）、東南アジア諸国連合（ASEAN）、

民間企業、政治、大学・研究機関や、その他の世界のリーダーたちが集うダボス会議に至るまで、あらゆる国際会議や声明、研究報告書（アウトプット）の中で、「レジリエンス」が謳われ、「レジリエンスと社会」が、開発や地球環境、経済を含むグローバル課題のあらゆる側面から問われるようになりました。一方で様々な機関によるアウトプットの中のレジリエンスの中身は様々で、具体的にレジリエンスと社会に向き合っているものもあれば、タイトルだけに「レジリエンス」が使われて中身にはレジリエンスが一切でてこないものも一部に存在します。つまり、序章で述べた玉石混交はここにも顕著に存在します。

　他方、このように国際組織でレジリエンスがキーワードになる先駆けとなったのが、序章でも触れた Hyogo Framework of Action（以下 HFA）2005-2015（『兵庫行動枠組み 2005 − 15 年』）です。阪神淡路大震災後から世界の防災関係者によって準備され、国連国際防災戦略（以下 UNISDR）（注：自然災害による人的、社会的、経済的、環境的な損失の減少、災害リスクの軽減のためのグローバルな枠組・戦略・政策を提言する、2000 年に国連総会で設立された組織）によって取りまとめられた、世界初めての国際災害対応枠組みである HFA のサブタイトルには、"Building the Resilience of Nations and Communities to Disasters"（「国家とコミュニティの災害レジリエンスを構築する」）と付されました。またその行動優先リストの優先事項の1つとして「知識、イノベーション、教育を活用し、安全とレジリエンスの文化を構築する」ことが明記されました。こうした優先事項が、世界各国、国際機関、地域機関、NGO による災害への取り組みの共通認識となり、世界の防災対策は 10 年ほど前と比べてあらゆる面で大きく前進しました。特にそれまでは災害直後の対応だけに注目が集まりがちだった自然災害対応に対して、事前にどれだけ準備をしておくかが、実際に災害が起きた際の対応の鍵を握るという問題意識が世界に浸透しました。また、早期警報、災害教

育を含めて災害に関する知識の敷衍が世界各国で積極的に行われるようになりました。

それでもなお、貧しい国々を中心にその基本的な災害対応においてもまだまだ課題は山積していますし、これに加えて2章で述べたようなダイナミックな環境変化を踏まえると、世界全体の対応において現実に向き合いきれていないこと、追いついていないこと（隙間）が多くあります。特に、2章で詳細を述べたようなそのダイナミックな環境の変化の中のリスクや災害の複合連鎖化や不確実性は、これまでの想定を遥かに超えた変化であり、そこにレジリエンスと社会創りとの接点があるわけですが、それへの対応の道程はまだまだ発展途上にあります。例えばその複合リスクとの観点について、UNISDRが世界各国を対象として行ったHFAの中間レビュー（2011）の中でも、「気候変動適応と減災対応の統合の必要性は周知されているものの、政策および実践面における機能的な連携は、ローカルおよび国家レベルで不適切なままである」[26]とし、「統合されたリスクアセスメントの例はほとんど見られない」[27]ことが指摘されています。

2015年3月には仙台で開催される世界防災会議でHFAが更新され今後10年間の枠組みが決定されることになっています。この本の執筆中にはその枠組みの全容を見ることができませんが、現行のHFAをもとにその中にある「隙間」に少し触れておきたいと思います。上で述べたように、その枠組みを通して多くの進展は見られるのですが、あえて問題解決志向の視点から、1章の「マトリックス」に照らし合わせて現在見られる隙間を大きく2つ、次のように指摘できます。

1つめとして、現行の枠組みでは、レジリエンスを高めるのに、「情報交換」、「研究」、「意識啓発」を強化すること、また「資源の確保（人材、資金）」、「災害リスクの特定、評価」、「早期警告」、「人材育成」などが挙げられています。こうした項目は重要であることは確かですが、1）それぞれの項目がばらばらのままでは、ま

た2）それぞれの木の中身においてレジリエンスを重視したプロセスが組み込まれていなければ、レジリエンスを高めることには繋がりません。

1）の点に関して、例えば情報交換しても、そこに「多様なステークホルダーが参画するためのプロセス」や知識協働創出システムのように「情報を知識に、知識を行動に繋げるプロセス」がなければ、情報は「点」に終わってしまいかねません。

また2）に関して、例えば「資源の確保（人材、資金）」についていえば、それぞれの資源、人材、資金がどれだけあっても、「財務面、運用面、意思決定面のリンケージ」が意識されなければ、つまり、人材と資金と意思決定面が直接繋がる仕組みがなければ、レジリエンスを高めるのには役立ちません。

2つめとして、中央政府が「情報交換」、「研究」、「意識啓発」、「資源の確保（人材、資金）」、「災害リスクの特定、評価」、「早期警告」「人材育成」を強化しても、中央政府と地方政府のそれぞれにある「システム」（木）と「システム」（木）が繋がっていなければ、国としてのレジリエンスを強化することには結び付きにくい、あるいは、折角の資源や投資や人々の尽力も、こうしたシステム同士のリンケージが意識された仕組みがつくられなければ、活かすことが難しくなる状況が生まれます。これは東日本大震災の大きな教訓です（6、7章で詳しく述べます）。

2. 多様な学問研究から

　前節で見たように、実際の社会におけるレジリエンスのプログラム化には、萌芽と隙間の側面が混在し、その進捗状況も様々です。こうした隙間や断片的な取り組みの現状は、これまでの学問別や専門別のアプローチが反映しているかもしれません。念のため、こうした理論的側面をここでお話しするのは、既存の学問研究の中で確立された「レジリエンス論」というものは存在しないことと関連します。一方、前述のようにレジリエンスは長い歴史の中で多様な学問によって多様に解釈され用いられてきました。このため、従来であれば理論から適用およびその検証というプロセスをとるのが学問的アプローチですが、本書では、1章でその様々な学問から抽出したレジリエンスの思考の土台を示しており、本節では、その隙間や断簡的取り組みの背景を説明するために設けるものです。こうしたことを背景にここで少し遡ってレジリエンスと学問の歴史的側面と、個別の他の理論や概念の側面から次に見てみましょう。

● **個別学問の中の「レジリエンス」の歴史**　「レジリエンス」と学問の間には古い歴史があり、遥か昔の西暦35年頃には法律や文学の分野で既に使われていたといわれています。それだけ、レジリエンスは人や社会の営みに密接に関係しているということでしょう。当初はラテン語で「rebound」（リバウンド）と解釈されたことにはじまり、それ以降時代の変遷を通して少しずつ異なる解釈が加えられ、「leap」（跳ねる）、「shrink」（縮む）、「avoid」（回避する）などの意味で用いられたようです。またその中で、レ

ジリエンスは「bounce back」(元に戻ること)なのか「bounce forward」(より先に進むこと)なのかといった点も含めて、様々な解釈がなされてきました。

その後長い時代を経て、力学や心理学や人類学といったそれぞれの学問の枠の中で「レジリエンス」が研究テーマとして用いられるようになり、その後1970年代から生態学でレジリエンスへの注目が集まり、環境生態系システムとレジリエンスの検討がはじまりました。そうした環境生態系システムとレジリエンスの検討から、環境の変化への適応の考え方が引き出され、次に社会システムとレジリエンスの検討に繋がっていくようになりました。そして、現在のように、減災や危機管理、さらに気候変動問題への対応や持続可能性に至る様々な学問分野で、「レジリエンス」が取り上げられるようになっていきました。こうした経緯について、イギリスのD.E.Alexanderが「レジリエンス」の学問研究の進化を示す概

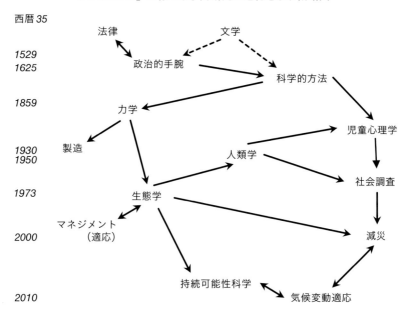

「レジリエンス」の様々な学問研究の進化を示す概略図 [28]

略図を分かりやすく示しています（図参照）。

　こうしたレジリエンスが個別の学問の枠の中で受け入れられてきた歴史を一瞥（いちべつ）すると、それぞれの学問の領域ごとにレジリエンスは拡散されてきたものの、これまでは学問を繋ぐアプローチはあまりとられていなかったこと、今現代リスク社会の中で、災害や気候変動を含むダイナミックな環境変化に対応するための道筋をたてていくには、こうした個別の取り組みを集積して、そこから引き出されるものを組み立てていく必要があることが浮き彫りになります（このため本書では前述のアプローチをとっています）。

● **他の理論と概念との関係性**　一方、レジリエンスに関わる諸研究で使われるその他の主な理論、例えば、リスク社会論、コミュニティ論、ネットワーク論などの理論、またはガバナンス、減災、脆弱性、適応性やイノベーションの概念と、レジリエンスとの関係性はどうなっているのでしょう？

　一言でいうと、既存の理論や概念と「レジリエンス」の関係性については、異なる専門家の間で喧々諤々議論されているものの、共通の理解が築かれていないのが実情です。時に専門家同士の間でも理解の混乱が見られることがあります。こうしたことはまさに、実際のレジリエンスのプログラムの玉石混交の状況に反映されているように考えられます。ただこうした現状を突き詰めると、レジリエンスの定義や構成要素そのものが専門家によって解釈が異なることが混乱の原因の1つと見ることができます。例えば、「レジリエンス」を「素早く回復すること」などという「状態表現」でだけで捉える場合と、1章で見たように「レジリエンス」に内在しているものをすべてオープンにし、問題解決への羅針盤として見なす場合というように、どのように話し手がレジリエンスを捉えるか、何をその向こうに見るかによって、他の理論や概念との関係性も異なってくるからです。

　総じてどの専門家でも学問領域でも、その域に閉じこもりがちで

す。他の学問との関係を見ることは、時間もエネルギーもかかりますし、正直いって面倒かもしれません。そういう意味で、序章で「既存の枠を取り払いながら問題解決に結びつけようというセンスをもっていただくことが、大前提になる」と述べたことは、こうした専門性や学問領域にももれなく関わります。1つの学問や専門領域の「点」に留まらず、点と点を結び付けて線を描いていこうとするには、まず自分たちの枠から出る勇気と覚悟が必要です。ただこれも1章で取り上げた個人の視点から見た例と同様に、ただ揺れ動くことではなく、それぞれの専門や学問領域を軸にしながら、異なるものを俯瞰的に見ようという姿勢が基本になります。

　これまでの時代は、そうした専門別、学問別で対応できたものでも、時代の要請により、「それだけ」では対応しきれなくなっています。特に、私達の社会が抱えるダイナミックな環境変化に向き合って問題解決方向に導くには、1つの学問だけで解決することはできず、個々の情報、知識、専門分野といった「点」と「点」を結び付け、協働による知識、また知識を問題解決あるいは行動に結びつけていくアプローチ、つまり「線」に変えていこうという取り組みが要求されます。それらを積み重ね束ねて、学問と学問、専門と専門を繋いでいくために「木を見て森も見る」アプローチ、つまり木と木（例えば情報と情報）、木と森（例えば、情報と全体の問題）の間を見るアプローチが強化されていくことが不可欠です。このポイントこそ、様々な確立された理論や概念がある中で、「レジリエンス」に関わる考え方がどう貢献できるかが大きく関わります。

　こうした視点から見たとき、鍵になる他の理論や概念とレジリエンスの関係性について1つ大きくいえることは、「レジリエンス」は他の理論や概念にとって代わるものではないし、優劣や上下関係をつくるものでも、競合するものでもないということ。他の個別の理論や概念と重複する部分もありますが、1つの理論や1つの概念ではカバーしきれないところ、特に俯瞰性や境界線に関わる隙間を埋めるときに主に役立てられるものであるということです。こ

のポイントが他の理論や概念との関係性におけるレジリエンスの意義であり、こうした視点に立ってみると、レジリエンスと他の理論や概念との関係性が浮き彫りになります。以下では、それぞれの他の理論や概念との関係性の中でレジリエンスはどのように思考や実践面で役立てられるのかについてポイントになる部分に焦点を当てて端的に示してみます。

● リスク社会論との関係について

　本書のレジリエンスの背景となっている現代リスク社会は、「リスク社会論」と大いに関連していると言えます。特にドイツの社会学者 Ulricht Bech を中心とするリスク社会論で述べられている技術とリスクの問題、リスクの不確実性、リスクと社会の変化との関係などいずれも、リスク社会を考える上での基礎になります。一方、そうしたリスク社会が抱える課題をどのように克服していくのかという点で、「レジリエンス」の視点から、1章の「森と木の視点マトリックス」に示したような様々な側面の詳細と全体の観点からリスク社会を見ることによって、問題解決方向への示唆が提供されます。

● ガバナンス論との関係について

　「ガバナンス」は一般的に、組織や制度やアクターを扱い、特にその全体の統合、統治を指します。より専門的には、ガバナンスは、統治ルールや総体的アクションに関わる意思決定を行うための構造やプロセスに関わるものです。このため、ガバナンスは、統治に直接関わる制度や政府組織だけでなく、市民、企業を含む様々な主体による相互コミュニケーションを含む相互関係、プロセスを集積したものと言えます。さらに言えば、ガバナンスは、そうした制度や組織や様々な主体による相互関係・プロセスを支え

る様々なシステムに組み込まれるものであると同時に、集約したものとも見ることができます。これは、8章で詳しく述べる、政策形成過程システムを含む様々な政策システムに大きく関わります。こうした相互関係・プロセスを扱うには、「木を見て森も見る」視点が欠かせません。

一方現状では、ガバナンスの考え方の実際への適用は、全体的な国の統治（森の視点）か、あるいは1つの組織や制度の統治（木の視点）かどちらかに偏る傾向があります。このため、レジリエンスの考え方から引き出される「木を見て森も見る」を基軸とする視点、またシステムとシステムの連携に焦点を当てた「システムズ」の視点、さらに特に様々なシステム間、あるいは主体と主体の間の「境界線」を重視する視点は、より良いガバナンスを実施していく上で具体的な示唆を提供するものと考えられます。

● コミュニティ論、ネットワーク論との関係について

レジリエンスは1章で見たように、基本的にコミュニティや、人と人の繋がり、組織と組織の繋がりを重視するものであるため、「コミュニティ論」「ネットワーク論」に大いに関わります。ただし本書で言うレジリエンスは、そうしたコミュニティや人の側面に限らず、情報、知識、社会システム、資源を含めて、多元的な繋がりを重視します。改めて強調すると、これは人と人の繋がりを軽視しているのではなく、むしろその逆で、人と人との繋がりが、あらゆる人の営み、組織、コミュニティ、社会の原点であるからこそ、その周囲にある散在しがちな資源やシステムをより良く有機的に繋ぎ、そのためのプロセスを重視する必要があるというものです。

● 減災との関係について

「減災」とレジリエンスの関係については専門家の意見は大き

く分かれ、「レジリエンスより減災だ」などの発言も一部で見受けられるほど、今も専門家の間でも考え方が錯綜しますが、私はやはりこれまでに述べたようなレジリエンスの役割の視点から見て、次のように考えます。

　減災は、阪神淡路大震災以降よく使われるようになった言葉で、防災が「災害を防ぐ」ということを前提に、被害を出さないために万遍なくコストをかけるという考え方を基軸としているのに対し、減災は、災害を完全に防ぐことは不可能であるけれども、災害発生前の平常時に被害を減らすためにリスクをどれだけ抑えられるかに重点を置きます。このように平常時を重視する点について、レジリエンスの考え方も、日常的な繋がりやプロセスが非日常時に反映されることが基礎となっている点と大きく重なります。

　一方で、減災は、個別のリスクへの対処に焦点が当たり、特定のリスクがどれだけの確率でどれだけの影響を及ぼし得るのかが明らかになっていることを前提として、リスクを最小限に抑えるための対処を行うことになります。例えば、建造物の耐震性を強化するといった方法は、減災の端的な例です。一方、2章の現代リスク社会の大きな特徴であるように、リスクの短・中・長期的な影響や、リスクの予測困難性、不確実性を踏まえると、リスクは必ずしも「これ」と特定できるものではなくなる傾向にあり、こうした環境変化に対しては、減災というアプローチだけでは対応しきれない状況が起きます。これに対して、レジリエンスの視点から見ることによって1章の「森と木の視点マトリックス」にあるように繋がり、リンケージ、プロセス、時間、スケールといった多角的な角度から問題解決型のアプローチを追求することができます。

　念のため上記の考え方は、決して減災でなくてレジリエンスだというような捉え方には繋がりません。減災は限りなく取り組まれるべきですが、減災という考え方だけでは網羅されない「隙間」、特に上述した短・中・長期的な影響や不確実性に対する問題解決方向性の手がかりとして、レジリエンスを捉えておく必要がある

と考えられます。減災のアプローチを中心に考える場合には、減災という考え方の中に、「レジリエンス」を意識的に組み入れていくというアプローチが求められてくるのではないでしょうか。

● 脆弱性との関係について

　序章で触れたように、レジリエンスと「脆弱性」の関係も、専門家の間でも大きく意見が分かれるテーマの1つです。レジリエンスは脆弱性の反対という専門家も一部にいますが、私は、既に述べたようにそうではないと考えます。例えば高齢者であってもレジリエンスが低いとはいいきれず、経験や知識・情報や様々なネットワークなどを通して、レジリエンスを育て、強化することができると考えられるからです。

　これまでにも災害分野では、様々な社会の「脆弱性」を数字で測り、それを災害対応に役立てようと、「社会脆弱性指標」なるものを専門家たちは編み出してきました。こうした指標の中には、年齢、貧困、健康、教育レベルといった項目が含まれます。一方で、今度は社会のレジリエンスを測るための「レジリエンス指標」を作ろうという動きがあり、その中で一部の専門家の間には、脆弱性はレジリエンスの反対だから、脆弱性指標をすべてひっくり返せば、「レジリエンス指標」になると考える人がいます。しかし、ひっくり返せばいいのであれば、わざわざレジリエンス指標をつくる必要ありません。しかし、1章で述べたようなレジリエンスの芯を踏まえると、脆弱であるかないかに関わらずレジリエンスを育て、強めていくことができることは明らかであり、それを重視した指標づくりであれば、レジリエンス指標をつくる意義は十分にあると考えられます。

　少し脱線しますが、心理学でもレジリエンスと脆弱性は反対ではないという説があるようです。性格的に「脆弱因子」をもっていても、「レジリエンス因子」が十分であれば、深刻になることは

なく、その「レジリエンス因子」には、自尊感情、安定した愛着からユーモアセンス、楽観主義、支える人が傍にいてくれることなどが含まれるといわれています[29]。こうした個人の心理に関する見方も、社会におけるレジリエンスの役割について考える場合に参考になるかもしれません。

● 適応性、イノベーションとの関係について

　一般的に「適応性」は、何らかの状況にふさわしくなることや合致することを指しますが、長い歴史において、生態学をはじめとして様々な学問の中で使われ、分野ごとに少しずつ異なった意味合いで用いられてきました。そうした中でレジリエンスと「適応」の関係についても、学者の間でもよく議論され、意見は多岐に分かれます。しかし基本的なレジリエンスと「適応性」と「イノベーション」の関係性の位置づけとして1章で示唆したように、レジリエンスに関わる仕組みやプロセスを積み重ね、レジリエンスを強化することによって、「適応」に繋がり、さらにそれを進めることによって「イノベーション」に繋がると見ることができます。

　近年、気候変動問題への対応において「適応」は多用され、特に社会や生態系システムが、ダイナミックに変化する気候変動にどう適応するのかという視点から議論されています。気候の変化への適応は、人類がこれまでも長い年月をかけて行ってきたことであり、環境変化に応じて、異なる場所に移動したり、農作物の作り方を変えるなどして適応がなされてきました。しかし、今ここでのポイントは、これまでに人類が経験したことがないようなダイナミックな環境変化に直面して、特に気候変動問題があらゆる災害や持続可能な社会に関わってくる中で、どのように対応していくかという点に集約されます。

　上記の文脈から、ダイナミックな環境変化を乗り越えて持続可能な社会を実現するためには、レジリエンスをより強化して、「適応」

を超えて、「イノベーション」を促さなければならないという見方もできます。ただし、「適応」なのか「イノベーション」なのか、状況や社会の条件によって異なるため、一概にどちらがいいとはいえないでしょう。例えば、政府機関の中の組織において、あらゆる制約があるためいきなり「イノベーション」を実現することは難しいかもしれません。そういう意味では、「適応」の考え方がより現実的です。一方ここでより重要な点は、レジリエントな社会創りの一環として「適応」や「イノベーション」を捉えること、そしてこれまで以上にレジリエンスを育み、強化することができるかが、「適応」や「イノベーション」の実現に関わるということです。「どのように」それを実現するかは、やはり1章の「マトリックス」で述べたことが基本になります。

特に「イノベーション」に関して、1章で「既存の知を新しく組み合わせ、練り直し、新しい知を再創出すること」を重視するイノベーションの視点が、レジリエンスを築く上で1つのヒントを与えてくれると述べました。一方で前述のウォータールー・社会イノベーション・レジリエンス研究所のFrances Westleyは、「イノベーション」サイドから見ると、レジリエンスの考え方は「システム思考で見ること、トップダウン、ボトムアップ両方から見ることを示唆してくれる」と言います。この見方は、「イノベーション」の考え方だけでは埋められない隙間にレジリエンスの考え方がこうしたインプットを提供できる顕著な例を示すものといえるでしょう。

＊　＊

このように各学問研究に散らばる、レジリエンス関連の概念や理論との関係で、「レジリエンス」の立ち位置を捉えることが、「レジリエンス」を社会に築く意義を考える上で不可欠になります。残念ながらまだあまり全容については理解されつくしていないのが現状であり、そうしたところに学問上の「隙間」があります。

3. 萌芽と隙間

　ここまでレジリエンスの実際と学問の萌芽と隙間のスケッチをしてきました。世界でレジリエンスは至るところで触れられ、実際の政策の現場でも様々なレジリエンスの取り組みの萌芽と見られる動きがある中にも、あらゆるレベルのあらゆる部分に「隙間」があること。またそれを学問研究の側から見ると、個別の学問枠でそれぞれ扱われてきた経緯から、レジリエンスの考え方に意見や見方の違いがあり、レジリエンスと他の理論や概念の関係性に焦点を当てた整理がなかなかされてこなかったため、様々な誤解や混乱があること。このため今私達が直面しているダイナミックな環境変化を踏まえたレジリエンスと社会を考える上で、問題解決型のアプローチを常に磨き続けながら、実践と思考と両方を絡みあわせて学習していく必要があること。そんなことを掴みとっていただけたでしょうか。

　本章で紹介した実例はマクロレベルのものですが、その中の「萌芽」として見られる例はレジリエンスを様々な社会レベルで築く上で、実際にどのように組み立てるかという点でヒントを与えてくれます（より具体的には後続章で）。さらに断片的に垣間見た様々な「隙間」について、次に繋ぐためのステップとして、全体的な森の視点から、3つ指摘しておきたいと思います。

　1点目に、ここでいう「隙間」をなぜ捉えておく必要があるかというと、「レジリエンス」について意見の見方や違いはごく自然であるものの、「レジリエンス」の表面だけを見たまま、実際の問題のアプローチに当てはめて考えてしまうと、問題をさらに深刻にし

てしまいかねないからです。例えば災害後の復興過程において、「レジリエンス」を単に素早く対処することと捉えてしまうと、目の前のことだけに集中し、他の「木」や周囲を見ずに素早さだけを重視して物事が進められてしまう可能性もあります。そうすると、他の「木」との関係や全体像である「森」も見えないまま、事業や工事が進められてしまうかもしれません。

　また1章の「森と木の視点マトリックス」にある「市民の参加」1つとっても、本来の「レジリエンス」の視点からいえば、単発の公聴会や説明会をすればいいということではありません。その他の「木」、例えば「短・中・長期的な視点から、定期的に見直しながら一貫して進めるアプローチ」や、「評価と学習の一体プロセス」、「多様な人々・考えを反映させるためのプロセス」という「木」があってこそ、はじめて「市民の参加」の木が機能するということが言えます。こうした考え方が理解されていなければ、レジリエントな社会創りは遠く離れてしまいます。こうした例は、政策だけでなく、あらゆる組織やプロジェクト、プログラムレベルでも見受けられます。こうした「隙間」を埋めていくためには、少なくとも私達1人1人が自分の枠の中の「点」でものを見るのではなく、身の回りの「点」と「点」を繋いで線に変えていく努力からはじめていかなければなりません。

　2点目に、全体的に構造的な視点からみると、本章を踏まえて、2章の「「人」の視点から見たレジリエンスと災害リスクマネジメントの構造との関係」を振り返ると、R3（コミュニティのレジリエンス）、R4（国家レジリエンス）、R5（国家災害リスクマネジメント）、R6（地域・国際災害リスクマネジメント）のそれぞれの間、つまり境界線を連続的に捉えているものはまだほとんどなく、「隙間」があり、さらにR3、R4、R5、R6それぞれの中でも断片的な取り組みが行われている状況にあると指摘できます（「世界の取り組みの「隙間」と断片」参照）。

　さらに3点目として、現代リスク社会の中の主体とシステムの切

世界の取り組みの「隙間」と断片

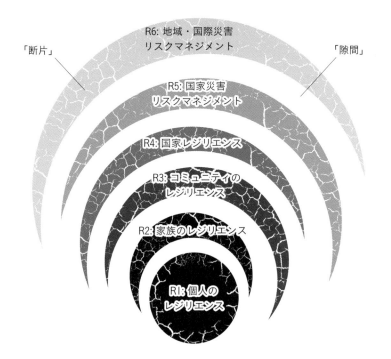

り口から、現行の世界の取り組みを俯瞰して見た場合、レジリエンスの強化に最も重心がおかれているのが、地域コミュニティです。1節の実例で示した先進プログラムには、政府とコミュニティ、政策と科学コミュニティといった境界線を繋げることを重視するものも含まれていますが、まだまだ数少ないのが現状です。これまでにも触れたように、個人のレジリエンス、コミュニティのレジリエンスを重視するからこそ、その外の主体やシステム自体、さらにそれぞれの主体と主体の間、主体とシステムの間、いわばその「境界線」のレジリエンスが意識されることが重要になります。また地域コミュニティのレジリエンスに焦点を当てる場合にも、1章の「森と木の視点マトリックス」にあるような木と森全体を視野にいれて強化さ

現代リスク社会における「隙間」と断片

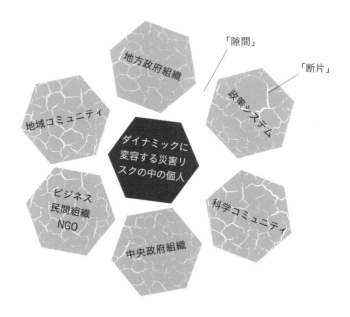

れることが重要ですが、今ある取り組みは断片的な様相が見受けられます。そういう意味で、2章に示した図に、現状を反映させると、図「現代リスク社会における「隙間」と断片」のように描くことができます。

　より具体的な例は、4、5、7、8章で示していきます。このようにして浮き彫りになる「隙間」を意識しながら、レジリエンスを育て、強化できるような仕組みやプロセスをデザインしていくことが様々な社会レベルで求められます。

Rockaway Blvd 駅にて

Rockaway の人々

Union Square にて

Union Square にて

Ⅱ部

境界線

10. Oct 2014
@ Cornelia Street Cafe
NY

4章　東北における協働知創造レジリエンス

1. 東北の復興プロセスに見るレジリエンス

● **全体像から**

　2011年3月の東日本大震災から約4年。東日本大震災後、東北のフィールドワークで出会った宮城県南三陸町のホテル観洋の女将で、南三陸町のコミュニティの中心になって復興イニシアティブをとり続けている阿部憲子さんは、「悲しみには底があると思っていたけど、この震災の悲しみに底はないと感じている」と語ってくれました。ご本人の明るく楽観的な表情の裏に、やってもやってもなお闇の中に包まれたイメージを想起させる、多くの周囲の人々の苦悩を知っているからこそ発せられた言葉として心に響きます。

　多くの東北の人たちの実感ではまだまだ復興に至らないまま、4年という月日が過ぎ去りました。例えば、南三陸町が町民全世帯を対象に行った住民調査によると、東日本大震災からの復興について、町民の8割以上が、スピードが遅いと感じていることが明らかになったそうです（49.2%が「遅れている」、32.5%が「やや遅れている」と答え、合計で81.7%を占める。「着実に進んでいる」は5.0%、「進んでいる」は9.9%）[30]。実際、2014年夏、何度も訪れている東北を再び訪れ、仙台を皮切りに宮城県、岩手県の復興活動の現場を回りましたが、一言でいうと「現場または市民のニーズ」と「政策」がうまく繋がっていないと見られる状況が多くありました。

　まず、本来ならこうした状況を一刻も早く打開するために使われ

るべき復興予算が、必ずしも有効に使われていないことを示唆する報告が見受けられます。復興庁が 2014 年 7 月末に明らかにした報告によると、2013 年会計年度復興関連予算の執行状況として約 7 兆 5000 億円の予算のうち 35%が執行されておらず、そのうち 1 兆 9600 億円は 2014 年度に繰り越しになっているものの、約 6900 億円は「不用額」と報告されています[31]（復興庁、2014 年 7 月）。

　また、現場と政策議論がうまく噛み合ってない状況の典型的な例として、防潮堤に関わる議論が挙げられます。今後起こるかもしれない大津波を防ぐための防潮堤をどのような方向性で考えるかは、多くの人の命と生活に長期的に関わり、環境や経済にも大きく関連します。それだけに、現場と政策（木と木）を丁寧に繋ぎあわせると同時に日本の未来社会全体（森）を見ていく必要のある、まさに「木を見て森も見る」ことが求められる極めて難しい問題です。現在、この議論においては様々な問題が噴出していて、混沌とした状態が続いています。しかし、その議論にじっくり耳を傾けていると、市民、学者、政治家、民間組織・企業、政府を含めて様々な人の「気づき」や多様な取り組みを通して、少しずつその状況が変化していることが分かります。これからこの大きな問題をどう解決方向に向けていくのか、私達が立場や専門性の枠を取り払ってどう向き合うのか、その中で「レジリエンス」をどう捉えていくのかが今問われているといえるでしょう。日本社会でどうレジリエンスを育て、レジリエントな社会をどう築いていくかを映し出す 1 つの鏡のような課題かもしれません（詳しくは後述）。

　一方、東日本大震災後 4 年が経過する復興過程の中で、様々な組織や市民が復興に関わる活動の中に、レジリエンスが特に意識されていなくても、またそうとは外から見えなくても、1 章で示したような「レジリエンスの芯」に触れる取り組みを見出すことができます。つまり、レジリエンスが無意識に復興プロセスの中に織り込まれて、復興の形を創る原動力になっている事例ともいえるでし

よう。こうしたケースは、コミュニティのレジリエンスをどのように育み、築いていくか、また何が課題になっているかについて、示唆を提供してくれるものといえます。2節で、実例をピックアップし、実際の取り組みを1章の「マトリックス」と照らし合わせ、そこから引き出される"good resilience practice"（グッド・レジリエンス・プラクティス）と課題を見たいと思います。

　他方、現代リスク社会におけるレジリエンスを考える重要なケースとして、東日本大震災以前から、コミュニティにレジリエンスが育まれ、強化されていた地域でも、震災後それだけでは復興が困難になっているケースがあります。例えば福島県の飯舘村では、「までいの力」を原動力に村づくりが丁寧に行われてきました。この「までいの力」に内包されているものは、レジリエンスの要素と重なるところが多いのですが（後述）、東日本大震災がもたらしたような災害は、そこで培われたレジリエンスを吹き飛ばしてしまうほどの威力をもっていました。ここでいう威力というのはもちろん、一瞬の台風の風のようなものではありません。放射能の影響を中心として、極めて複雑で、影響が短・中・長期にわたり、今後の状況も不透明であるという状況に関連します。その威力の中にあっては、たとえコミュニティの中にレジリエンスが丁寧に育まれていた場合でも、そのコミュニティのレジリエンスだけでは復興を難しくさせている状況が見られます。こうした状況は、3章終わりで「個人のレジリエンス、コミュニティのレジリエンスを重視するからこそ、その外の主体やシステム、さらにそれぞれの主体と主体の間、主体とシステムの間、いわばその「境界線」のレジリエンスが意識されることが重要」と述べたことに関連します。本章3節ではそうした観点から、飯舘村のケースを踏まえて現代リスク社会におけるレジリエンスの在り方を考えてみたいと思います。

● 東北の防潮堤議論を通して見る

　ここではまず、防潮堤に関わる議論を通して、復興プロセスに見るレジリエンスについて見ていきましょう。ここに関わる状況はかなり複雑ですが、これまでの主な流れを、「錯綜」、「変化の兆し」、「試練」の3つにわけて見ることができます。

「錯綜」

- 2011年6月、「津波対策の推進に関する法律」が制定され第十条に「国及び地方公共団体は、津波対策に係る施設の整備等においては、次の事項に特に配慮して取り組むよう努めなければならない」とし、その中に「最新の知見に基づく施設の整備の推進」などが盛り込まれる。また中央防災会議や政府委員会の専門家会合の意見に基づき防潮堤の高さなどが決定。

- その後、各県市町村で「復興基本計画」が策定され、それに基づいて各県自治体で防潮堤計画が進む。こうした中で、東北沿岸で防潮堤を400以上、総延長400キロメートル、高さ最高約15メートルのコンクリートの防潮堤が約8000億円かけて建設する計画の礎がつくられる。

- 一方、宮脇昭氏（横浜国立大学名誉教授）が「森の長城」づくりを提言する。この提言は、1）ドイツなどで過去に多くの実績が見られるように、家屋などに使われている廃木材など震災がれきを有効に活用し、がれきと土を混ぜ土塁を築くことで、がれき内の空気が根の発達を地中深くへと促す、また有機性廃棄物が土と混ざることで時間をかけて樹林の養分となる、2）その土地の本来の樹種（＝潜在自然植生）の主木群を選び、根群の充満した幼苗を混植、密植することによって、多層群落の森が形成される、3）そのようにして創られる森は、巨大な津波が襲来しても、津波のエネル

ギーは吸収され、背後の市街地の被害を和らげ、引き波に対しては森がフェンスとなって海に流される人命を救う、4）また、二酸化炭素削減、生物多様性、教育、憩い、癒し、観光資源としても貢献する、というもの[32]。

- 宮脇昭氏の提言に沿って、2011年9月、宮城県岩沼市の復興計画に「千年希望の丘」（※）が盛り込まれる。
- 2012年3月、宮城県議会で、与野党議員59名全員一致で、宮脇昭氏の提言を支持する「いのちを守る森の防潮堤」推進議員連盟が立ち上がる。また、気仙沼市などを中心に各被災地で防潮堤計画への反対運動がはじまる。

※「千年希望の丘」とは（岩沼市ホームページより抜粋）[33]：
岩沼市では海岸地域に「津波除け千年希望の丘」を作る計画を立てております。これは、高さ10〜20mの小高い丘を何重にも築き、丘の高さと樹木によって津波が来たときのエネルギーを減じて、住宅や工業団地などを守るものです。瓦やコンクリートなどのガレキを活用して作りますが、その丘に植栽などを行い、日常的には、訪れた皆さんが丘の上から海を眺め、また、木々から生まれる新鮮な空気の中で潮風や鳥のさえずりが聞こえる憩いの場、そして万が一の避難所にもなるものです。丘に植える樹木ですが、国際的な植物生態学の権威者、宮脇昭先生によれば、土地本来の樹木によって構成された豊かな生物多様性を維持する森は、癒しの場、緑の保養所ともなり、厳しい環境にも耐えうる本物の森、いのちの森となり、地震や火災、風水害から長年にわたり人命を守るもの、とおっしゃっており、ガレキを活用した、防潮林も提案しております。今後、津波除け千年希望の丘が、いのちの森となるように単なる丘の築造だけでなく、樹木の選定なども含めた復興計画を考えたいと思います。

「変化の兆し」

- 2012年5月、宮脇昭氏の提言に基づいた「森の防潮堤」の試験的なモデルケースとして、岩手県大槌町で、コンクリート片や流木などの、がれきの上に土盛した長さ50メートル、高さ四メートルの山の斜面に、住民らがタブノキなど16種類、3000本の苗木を植樹。
- 2012年5月、岩沼市では「千年希望の丘」の試験的な取り組みとして、高さ4メートル、大きさ約2千平方メートルの丘を造成し植樹祭が行われる。続いて2013年2月、国内外からの応援寄付金を活用し、第一号の「千年希望の丘」としてモデル丘の整備が行われ、6月、岩沼市、宮城県、国土交通省東北地方整備局、宮城県、公益財団法人 瓦礫を活かす森の長城プロジェクト、「いのちを守る森の防潮堤」推進東北協議会が連携し、第一号の「千年の希望の丘」の植樹祭が行われる。宮脇昭氏の指導のもと、全国から集まった4500人のボランティアが3万本の植樹を行う。
- 2014年度国土交通省予算に新規予算としてはじめて2つの緑の防災関連予算が以下のように盛り込まれる。
- **「みどりの防災・減災対策推進事業」**：「市街地火災等の危険性が高い密集市街地等において、発災時の延焼防止や安全な避難行為の確保を図るため、密集市街地等に存在する空き地の緑化や避難路となる沿道の生け垣化を促進し、市街地の防災・減災対策を推進する」。（2014年度予算1億円）。
- **「緑の防災・減災の推進」**：「強靭かつ美しく風格のある国土を創造するため、沿岸部における防災・減災や利用、自然環境、景観を考慮した緑の防潮堤の整備など、緑を活用した防災・減災を推進する」として、これを実施するため、地方公共団体にとって自由度の高い「社会

資本整備総合交付金」の一部が当てられる（注：国土交通省所管の地方公共団体向け個別補助金を1つの交付金に原則一括し、地方公共団体にとって自由度が高く総合的な交付金として2010年度に創設された）。
- 2014年3月、津波・高潮などに対する防災・減災対策として、いわゆる「緑の防潮堤」を海岸保全施設と位置づける内容を盛り込んだ（ただし、堤防と一体的に設置される）海岸法の一部を改正する法案が、閣議決定される。

「試練」

　2014年6月、岩沼市で植樹された常緑広葉樹の半数程度が枯れたことが報道されたなどの報道を受けて、[34] 岩沼市の取り組み、または宮脇氏の提案の是非をめぐって様々な意見が飛び交う。一方、同年6月東北大学災害科学国際研究所が発行した『HFA IRIDeS Review Report 2011年東日本大震災から見えてきたこと』の中で「堤防の高さは柔軟に考えて効率的な減災を図る必要がある、高規格海岸堤防の建設を国費で行うことは、その目的達成、防御水準、維持管理のいずれの面からも問題が多く、抜本的な見直しが必要」(p.48)との見解が示される。他方、2014年8月、海抜9.8メートルの防潮堤建設が計画されている気仙沼市本吉町前浜地区の住民が、数回津波防災を考える勉強会を重ね、一旦「防潮堤はいらない」としたが[35]、12月には市役所で防潮堤建設計画に関する要望書として、防潮堤を内陸部に移し、その後背地を埋め立てて広場にするよう求め、菅原市長も大枠で応じることができるとの見通しが示された[36]。なおこの判断にも様々な是非論が飛び交う。

こうした長いプロセスを端的でいえば次のようになります。「錯綜」の中で、既存の制度や予算の仕組みに則り（例えば国・県・市それぞれの土地の管轄権、分野別の規制や予算の仕組みなど）防潮堤の建設計画がはじまったものの、多様な関係者間の見解、情報、知識が散在した状態が続いてきました。一方「変化の兆し」にあるように、岩沼市の事業に見られる様々な関係者が垣根を超えた取り組みや、本問題に適した柔軟な仕組みの設置と、その規模は小さいものの変化が少しずつ見られることが読み取れます。こうした変化には、様々な関係者による「気づき」があったからでしょう。他方、今こうした変化を１つ１つ積み重ねながら問題解決方向に繋げていく必要がある中で、「試練」に見られるように、一部の人たちによるそれぞれの視点からの是非論が飛び交い、こうした変化も吹き飛びかねない危うい状況が依然として見られます。

あらためて１章の「森と木の視点マトリックス」に見られるような視点から、この問題の特徴を踏まえて問題解決志向のアプローチを考えると、次の５つのポイントが指摘できます（括弧内は１章の「森と木の視点マトリックス」と関係のある角度）。

- 本問題は、短・中・長期的な時間軸から一貫して見る必要のある問題であること（「時間」）。
- 人の命と日常生活、さらに環境や経済も含めて様々な分野の課題を俯瞰して見ることが要求されること（「リンケージ」）。
- 自然科学、工学や社会科学を含めて多様な分野の専門知識をそれぞれの分野の枠を超え、問題解決方向に向けて集約させる必要があること（「リンケージ」）。
- それぞれの自分だけの立場や専門性や目の前のことに限定した「点」の議論に留まらず、「市民」の声と「現場」と「科学」と「政策」を繋ぐためのプロセスや仕組みが不可欠であること（「プロセス」）。
- 予算や技術や環境も含めて、資源の組み合わせ方を工夫

すること、また既存の手続きのみに依存するのではなく、例外に気づき見直しをかけるアプローチが要求されていること（「スケール」）。

本課題にはこうした5つのポイントに関わる仕組み（木）を1つ1つ創り、それらを繋げながら問題解決志向のアプローチをとることが必要と考えられます。実際にこうしたアプローチを網羅する具体的なケースとして、3章の事例で取り上げたニューヨーク市のレジリエンス・イニシアティブは参考になる1つのケースと考えられます。ニューヨーク市のケースは市長が大きくリーダーシップを取っていることが背景になっており、これを直接本ケースに当てはめるのは難しいかもしれませんが、異なる政府機関の「間」または政府と市民との「間」の議論を繋げる仕組み、さらに「科学知」と「政策知」を繋げる仕組み、つまり「境界線」を繋ぐ仕組みは、大いに参考になると思います。特に分野、立場、組織の垣根を越えて6か月間集中的に「対話」をし続けたニューヨーク市の取り組みは、同様に様々な分野と関係者が関わるこの防潮堤の課題への取り組みに、大切な示唆を与えてくれるのではないでしょうか。

既にそのような「対話」は行われているとおしゃっている方もあるでしょう。しかし、ここでのポイントは、単発の会議やパブリックヒアリングやアンケートといったアプローチに留まらず（ここまではまだ「点」のアプローチ）、継続的に俯瞰して次に繋ぐことができるような仕組みを通して、散在する「点」を「線」で繋ぎ、「市民」と「科学知」と「政策知」を繋ぐためのアプローチが求められることに集約されます。特に、専門知や科学知がばらばらに伝えられても、一般の人や特定の専門以外の人の理解にはなかなか結びつきません。こうしたことは、単純な是非論に繋がってしまいます。これを防ぐためにも、「知を繋ぐ」ことが不可欠です。

その「知を繋ぐ」を実際に形にするためには、中核調整機能

を果たす組織、人、さらに有機的なプロセスが欠かせません。つまり、様々な情報や知識を練り合わせながら、代替案を考えていく、それのマイナス点、プラス点を出し切った上で、それに基づいて様々なステークホルダー間の相互コミュニケーションを取りながら、今後どのようなアプローチを取るかが選択されるといったプロセスが必要になります。こうしたプロセスを通して創られる知が「協働知」であり、本書のいう「協働知創造のレジリエンス」の土台となると考えられます。

　ただし、こうした俯瞰的なアプローチを通して、その方法をすべての地域において横並びにするということでは決してありません。そうではなく、それぞれの地元の状況にあったものを判断していく上で、あらゆる市民や関係者の間で、せっかくの情報や知識や専門知が集約された形で共有されなければ、アクション可能な政策には繋がらない、だからこそこうした知を協働で創っていく必要があるということです。ばらばらな意見や、是非論では、問題解決の方向には結びつきません。上記で述べたような協働知を形成するプロセスや仕組みがあれば、各地域で防潮堤を今後どのように考えていくかを判断するための、いわば知のプラットフォームの役割を果たすことができます。

　さらに、より「人」の視点からレジリエンスの視点を通して本課題に対して示唆できることが3つあります。第一に、一気に状況を変えることは難しくても、「変化の兆し」を軽視せず、少しずつでもこうした変化やそこに関わる仕組みづくりを次に繋げていく必要があります。また、そのためには、被災地だけではなく、もっと多くの「人」がこの問題を知り、関わり、協働知のプラットフォーム創りに連なっていくことが大切です。

　第二に、防潮堤を単に短期的な視点だけでなく、それが及ぼす中・長期的な目に見えない影響にも繋げて考えることが肝要です。特に、被災地の人々の「心」にどう影響するのか、今後の世代や子孫に何を残していくのか、さらに今後も世界から現地を訪れ

る様々な人々に何を伝えるのかということも考慮される必要があります。前述の「いのちを守る森の防潮堤」推進東北協議会の園田義明さんによると、岩沼市などの植樹祭に立ち会って、全国から苗を植えにボランティアが集まる中で「一番がんばるのは子供たち」と教えてくれました。植えることによって、苗は根を張り、それが木になり、自分が植えた木がいつの日か誰かの命を守れるかもしれない、そんな想像へと繋がります。これは人の心への影響や、世代を超えて繋ぐことは何かということ、また外から訪れる人がどのようにこうしたプロセスに関わるのか、ということについても、ヒントを与えてくれるように思われます。

　第三に、こうしたことを今議論してももう遅すぎると思われるかもしれませんが、まだ見直しは可能なはずです。ただ当初なされた計画も、震災直後一刻も早くということで、計画が進められたのだと見られますが、ただ早くということだけでは、次世代に繋ぐものは創れないのではないでしょうか。早くということも大事ですが、ただ闇雲に急ぐのではなく、1章での「森と木の視点マトリックス」を踏まえて、特に情報、知識、資金、を含めた資源を集約させ有効に組み合わせながら、問題解決志向アプローチをとる仕組みを迅速に創ることが肝要ではないかと考えられます。

2. コミュニティの復興活動から
レジリエンス創りへ

● **石巻市のコミュニティ復興活動から〜ISHINOMAKI2.0の活動に見るレジリエンス創り〜**

　宮城県石巻市に拠点を置くISHINOMAKI 2.0は、東日本大震災を経験した街を、震災前の状況に戻すのではなく、あたらしい石巻を「つくる」を合言葉に、2011年5月に設立された組織です（2012年2月に一般社団法人化）。地元の商店主や非営利団体の職員、また石巻の外から建築家、まちづくり研究者、IT専門家、学生など様々な職能をもつ専門家が集い、地元内外の多様な人々が文字通り連携したオープンな組織であることが特徴的です。そしてこの組織の設立趣旨の中に以下の表記があり、レジリエンスの芯に触れる視点が多くあることに気づきます。

　　「石巻の人材や地域資源、地域環境を最大限活用し、また、幅広いネットワークのハブとなることで、石巻をプロトタイプとした持続可能な地方都市活性化のモデルづくり」を目指す

こうしたことを噛み砕いて次のように表現されています。
- 「石巻に元からあるリソースを丁寧に拾い上げ、全国のありとあらゆる才能と結びつけて今までになかった新しいコミュニケーションを生み出しています」
- 「石巻の内外の人々を巻き込みながら、すべての人がまちづくりの主役となるような仕組みをつくりだそうとしています」

このような着眼点の中に、1章の「森と木の視点マトリックス」と重なる視点、つまり「資源の組み合わせを組み替え、より良い方法に再構築する力・システム」や「市民の自発的参加を促すためのプロセス」が含まれていることがわかります。

ISHINOMAKI2.0 を率いる代表理事の松村豪太さんによると、震災直後、石巻には「幕末の京都」のような雰囲気もあり、そのような中で様々な多様な専門家、地域の若手が中心になって鍋をつつきながら、石巻の将来を語り合ったといいます。そこで共有された時間や空間を通して、組織や立場の枠を超えた繋がり、新しく創っていこうという意識が培われ、それが仲間の間の共通のコンセンサスとなり、その意識が組織運営やそのプログラムに織り込まれるようになったのでしょう。ISHINOMAKI2.0 のプログラムの交流促進事業の1つに「復興バー」があり、ここでもあらゆる人々が集い、語り合う場が創られていて人と人が共有する時間、空間を大切にしていることが伺えます。

こうした組織の着眼点や意識は実際に、ISHINOMAKI2.0 が企画運営する多様なプログラムや仕組み創りに反映されています。ここで企画運営されるプログラムは、震災復興活動を超え、コミュニティの営み全体に関わる「まちづくり」、「情報発信」、「教育」、「子供」、「交流促進」、「産業創造」、「文化振興」事業にまで多岐にわたり、次世代との繋がり、地域の内と外の繋がりを意識したプログラムが多く実施されています。

まちづくり事業の1つ「STAND UP WEEK」を覗くと、地域の方々だけでなく、日本各地からかけつけた大学生もボランティアで積極的に参加し、まちづくりを体験するためのイベントを全員が楽しみながら展開している姿が印象的でした。震災後、一年間でのべ約28万人が石巻のまちを訪れたそうです。松村さんは「ボランティアはただ助けてくれるという位置づけではない、彼らと共に働き、まちを変革していく」といいます。

松村さんのお話を聞く中でレジリエンスの視点と関係が深いと感

じられたことの1つに、「震災によって顕在化した問題に取り組んでいく」ということがあります。つまり、もともとあった市街地の空洞化の問題、高齢化というような問題が震災によって浮かび上がり、震災を機会に、こうした問題に向き合って、長期的な視点も含めてコミュニティをつくっていくと。まさに、目の前のことだけでなく、今の取り組みを何十年も先のことにも繋げていくという視点は、レジリエンスを創る上で大事な視点です。こうしたことが実際の仕組みづくりに反映されています。

　例えば、ISHINOMAKI2.0の街づくり関連事業の中に、遊休不動産利活用・移住促進「石巻2.0不動産」があります。これは、市街地の空洞化の問題、高齢化の問題に向き合ったプログラムで、本書でいう「隙間をデザインする」ことを分かりやすく実践された例ともいえます。ここでの「隙間」は、地域の外からボランティアが社会的事業を起こし、この街に残ろうとする人たちがいる一方、公費解体制度によって被災した建物が解体されたため、適切な価格で事業所や住宅を得ることが困難な状況が生まれているという、実態と制度のギャップに当たります。この隙間に着目して施されたデザインは、被災した物件を抱え、改修にお金が出せないために貸すことを躊躇している大家さんと、起業家や居住者をマッチングさせるサービスを提供しようというものでした。

　こうした取り組みの結果、2014年夏の時点で既に新規居住者が100人以上もいるとのこと。こうして新しくまちに移り住んできた人たちが、如何にもともとの住人たちとコミュニケーションを図り、地域に溶け込んでいくか、そうした点にもISHINOMAKI2.0は丁寧に配慮をしてこの取り組みを続けています。

　このように、ISHINOMAKI2.0では従来のアプローチや行政では思いつかないようなまちづくりを、短・中・長期的な時間軸を網羅した視点から、あらゆる枠を超えて様々な人々を巻き込んで繋がっていく仕組み創りを実践しています。ここではレジリエンスという言葉は使わなくても、レジリエンス創りが実践されています。

一方こうした取り組みにも課題はあります。端的にいうと、持続的なマネジメントです。現在事業の約35％ほどは助成金で支えられているようですが、こうした事業を持続していくにはより多くの財政源が必要になります。こうした事業を支援していく、または他の地域にこうした事業モデルを敷衍していく、こうした取り組みこそ、政府や企業も含めて外のステークホルダーが大いに関わっていく必要のある領域であると考えられます。今はこうした領域に「隙間」があります。

● 南三陸町のコミュニティの復興活動から
〜NGOや個人の取り組みに見るレジリエンス〜

●「ピースウィンズ・ジャパン」の取り組みから
　2014年夏、宮城県の南三陸町を訪ねると、NGO「ピースウィンズ・ジャパン（PWJ）」（紛争や自然災害への緊急人道支援、困窮している人びとに対する自立のための復興・開発支援などに取り組む日本の有数のNGOの1つ）の西城幸江さんが、元気に出迎えてくれました。彼女は南三陸町出身で、東日本大震災当時青年海外協力隊員としてパラグアイに滞在中でしたが、その後すぐご両親が被災された南三陸町に戻られ、PWJの南三陸町担当のスタッフとなり、毎日南三陸町の復興のために奮闘して活躍されているおひとりです。彼女が運転してくれる車に乗って一日中南三陸町を廻っていると、あちらこちらから、知り合いの方から声がかかります。彼女が小さいときから知っているおじいさんやおばあさんに彼女が如何に信頼されているかがよく分かります。
　多くの国内外のNGOが東日本大震災直後から被災地の復旧、復興プログラムを実施していますが、特にお年寄りが多い地域で、こうした地域に密着した人材が、外の組織と地元の人々の間の「繋ぐ」役割を担えるかどうかは、そのプログラムの成功に大きな鍵を握るといえます。西城さんのNGOスタッフとしての活動を傍で見

ていると、「信頼」はレジリエンスの基本であることを思い起こさせてくれます。

　彼女に案内されたところの１つに、今もなお仮設住宅に住むお年寄りのために、体を共に動かす場として設けられたグラウンドゴルフ場があります。２章で述べたように、2014年６月現在でまだ25万1000人の方々が仮設住宅などに避難したままになっていること、その中でも高齢者が多くを占めていること、震災４年近く経てなお小さな一部屋に住み続け、その仮設住宅も欠陥が多く報告され数回の後付け工事が行われていることなどを踏まえると、そこに住むお年寄りの方々の苦労は想像を絶するものがあります。そうした中で設けられたグラウンドゴルフの場。

　たかがグラウンドゴルフ、されどグラウンドゴルフ。その「場」に立ってお年寄りたちと触れて気づくことが多くありました。その「場」は、周囲を行き交いする学生や近所の人の目に触れることになります。そこでプレーするお年寄りたちと何らかのコミュニケーションが生まれ、そしてお年寄りたちは、そうしたコミュニケーションを通してさらにイキイキとしてプレー。そしてテントの設置、後片付け、仮設住宅に帰るまでの交通手段まで、お年寄りたちは人に頼ることなく自ら協力して行動され、その姿にはエネルギーが溢れていました。

　こうした小さな「場」だけでも多くの学びがあります。レジリエンスの視点から見ると、こうした「場」づくりが、様々な人々のコミュニケーションを生み出すということ、そこから人と人の繋がりが生まれ、人々の行動やエネルギーに繋がっていくということ。そこにレジリエンスの原点を見出すことができます。

　PWJが進めるこうした「場」づくりの別の取り組みとして、全壊したシルバー人材センターを再建し、高齢者や地域の人びとが交流し軽作業などのあっせんサービスを提供すると同時に、カフェを併設して障害をもつ人や高齢者が主体的に働ける場としても活用しようというものがあります（のちに、地元の人々によって「晴

谷驛（ハレバレー）」と命名される）。PWJ は建物の管理などの裏方に回り、その運営は地域の人々が主体となって実施するとのこと。こうした「場」を創ることによって、またここでも様々な人々のコミュニケーションが生まれ、お年寄りや障害のある人々が自主的に参加し、それが様々な地域の繋がりとなり、エネルギーに繋がっていくのでしょう。

　こうした場づくりなどのプログラムの広報に、お年寄りたちは PWJ のスタッフと一緒になって東京・六本木ヒルズにある企業ゴールドマン・サックスにまで出かけ、堂々とプレゼンテーションも行われています。同社にはボランティア活動プログラム「コミュニティ・チームワークス（CTW）」の仕組みがあり（1997 年から進められているプログラムで、年間 60 を超える様々なボランティア活動に社員が参加する）、PWJ はこれに 2006 年から参加し、その一環で南三陸町のお年寄りとゴールドマン・サックスの社員の方々とのコミュニケーション、コラボレーションが実現しているようです。実際に六本木でプレゼンテーションを行ってきた 80 才を超えるおじいさんに話を聞くと、楽しんでそれに関わっている様子。自分たちが未来のことに「関わっている」という自信がみなぎっておられました。

　ここでレジリエンスの視点から学ぶことは、小さな場づくりであったとしても、ただ元あったものを再建するだけでなく、あるいは元の機能を取り戻すという目的を果たすだけでなく、様々な世代や立場という枠を超えて人が集まる場を創ることによって、そこから次への繋がりに広がる可能性は数珠繋がりとなり、広がっていくということ。ここでは CTW のような企業の仕組みが PWJ のプログラムに連なり、南三陸町のお年寄りとゴールドマン・サックスの社員の方との間で人と人の化学的反応が起こり、それが次の展開へと結びついていっています。こうしたケースは、人を繋げること、場を繋げること、さらに仕組みを繋げることの大切さを教えてくれます。こうしたことを 1 つ 1 つ積み重ねていくことが、私達 1 人 1

人や組織がまずできることではないでしょうか。

● 南三陸町の個人（阿部憲子さん）の取り組みから

　冒頭で紹介した南三陸観洋ホテルの女将・阿部憲子さん個人の取り組みの中にも、レジリエンスの要素を多く見出すことができます。阿部さんは震災直後水道が4か月ほど止まった際、2011年5月から同旅館を二次避難所（仮設住宅に入居できるまでの間、一次避難所での厳しい生活環境を改善することなどを目的とするもの）として機能させ、数か月にわたって何百人に及ぶ地元の人々を受け入れてこられました。これは役所から依頼があったからではなく、同ホテル自ら町に申し出たことによって実現しました。しかも、いわゆる避難所というスペースや食事の提供の役割に留まらないプログラムやイベント企画を提供し、目の前のことだけでなく、次世代にまで目を向けた取り組みが今もなお続いています（地域コミュニティの人々を巻き込んだイベント企画は2011年から2013年間の間に、600回以上開催）。

　例えば、将来、南三陸町を支える子供たちが震災後も地元に残って元気に育ってくれることを願って、被災直後から子供たちに特別の配慮を行い、二次避難所としての役割を果たす際も、談話室、コンサート、図書室の設置と、様々な工夫がなされました。さらに、昔でいういわゆる「寺小屋」をホテル内に設け、子供たちがそこで様々な教科を学ぶことができる環境が整えられてきました。またそろばん塾も無料で開放されました。さらに、英語教育に力を注ぐ外部のボランティア団体であるO.G.A. For Aidの協力を得て、子供たちが英語を学ぶ機会も提供されています。震災後、外国からの訪問者が増え、ホテルとしても英語が必要な機会が増えており、ホテルスタッフも参加して子供たちと一緒に英語を学んでおられます。

　さらに、阿部さんの目は旅館の外にも向けられています。以下に挙げる2つの取り組みは特に、個人として「木を見て森も見る」

をまさに実践されておられるケースでしょう。1つめとして、もともと車での移動が当たり前のようになっていた地域において、住民の多くが自家用車を流され、特にお年寄りたちは買い物など日常生活の暮らしを続けるのに移動手段がなく困っている状況がありました。そこに阿部さんは注目され、旅館から無料で巡回する『ぐるりんバス』を走らせるシステムを提案、バスは予約制で約60か所に停車し、多くの人の足の助けになるような仕組みをつくられました。阿部さんは「手探りで」とおっしゃいます。一旦こうした仕組みをつくると様々な心配事項もでてきますが、それよりも問題解決方向のためにまず自分のもつ資源を投じてみる、やってみるという姿勢も、個人として学ぶことができます。

　2つめとして、阿部さんの目は、津波で流されたり、事業を再開しても所在地が分からないでばらばらになっている様々な南三陸町の店舗や事業所へ向けられます。そこで仲間15人を集めて取り組んだのが、震災後再開している店舗や事業所の所在地を調べ歩き、1つ1つを地図上に表わし、点在する70件の店と店を繋ぐ「南三陸てん点まっぷ」。その地図には写真も掲載しようとそれぞれの店舗・事業所に依頼しました。しかし2013年の作業時に、その写真も流されてないからといって、絵を描いて送られてきた店舗が幾つもあったそうです。そうした現実を思い知らされながら、「てん点マップ」を1か月半かけて作成され、南三陸町を訪ねて来られる方にそれを配布し、そのお店に立ち寄るだけで、「ハンコ」を押してもらうという仕組みを創りました。そうすることで、ある人がA店に立ち寄ってハンコを押してもらい、そのあとにB店にもっていたら、A店主が健在であることをB店主は知ることができるという、観光客のみならず地元住民にも役立つ仕組みになっています。ばらばらの情報・データを1つに集約し、そこから人と人とを繋げ、コミュニケーションを図っていく、さらにそれを通して、南三陸町の店舗や事業所の活性化に繋げていく、これは個人のレベルからできる「木を見て森も見る」アプローチであり、レジリ

エンスの要素を多く兼ね備えていると考えられます。

● 近隣地からの支援に見るレジリエンス

　岩手県遠野市と震災直後に立ち上げられたNPO法人「遠野まごころネット」は連携して、東日本大震災の直後、沿岸被災地の災害対応において様々な後方支援に関わる中核的な調整機能を果たしました。非営利組織、大学機関、企業を含む50以上の組織と連携しながら、日本全国の各都市から食料や日用生活品の収集中核地点となり、太平洋沿岸地域から車で1時間ほどの立地を活かして各市町村に250回以上もの配布が行われました。
　こうした取り組みは、被災後に構築されたものではなく、1995年阪神・淡路大震災の経験が生かされていました。遠野市本田市長は、1995年阪神・淡路大震災勃発時に岩手県の消防課の責任者であったことから、阪神淡路大震災の救援も関わり、災害対応における支援・調整の難しさについて経験しました。同市長はこの経験を踏まえ、当時から遠野市の立地に着目し、東北の沿岸部で地震・津波が起きた場合に備えるため、沿岸地域の市町村の後方支援の機能を担う準備を行ってこられたという経緯があります。また「遠野まごころネット」のアドバイザーにも、阪神・淡路大震災での支援活動を経験した人が入り、震災直後の対応を協働で行いました。そのようにして災害対応に関わった「遠野まごころネット」は今もなお、ボランティアや60以上の非営利組織、大学機関、企業、公的機関が連なり、復興活動における中核的な調整機能をもつ「ハブ」組織としての役割を果たし続けています。
　「遠野まごころネット」による復興活動も目の前のことだけでなく、中・長期的な視点からそれぞれのコミュニティの生活、就労、産業の振興にまで目が行き届き、活動地も、遠野市の近隣の沿岸地域、大槌町、釜石市、大船渡市、陸前高田市など多地域にわたるのが特徴的です。具体的には「大槌まごころの郷」では、

被災者に農地を提供し、ボランティアとともに農園づくりを行う場所をつくり、長期的に地域の自立のための拠点づくりを行い、「大槌たすけあいセンター」では、求職のミスマッチなどの問題に取り組み、コミュニティスペース、工房、食堂、カフェ、加工場などを配置し、雇用を生む仕組みを創り、「まごころ就労センター」では、障害者の方が復興から取り残されないように、就労と自立を支援する事業も行われています。このように被災者と共に、自らの自発的参加を促しながら、持続可能な生活を築いていくための中・長期的プロジェクトにまで発展しています。

　以上を踏まえると、中核調整機能、短・中・長期的な視点を網羅したアプローチ、市民の自発的な参加を促すための仕組みづくりが、運営やプログラムを通して実践されていることがわかります。これに加えて「遠野まごころネット」の特徴として、1）20か国を超える国々、また全国各地からボランティアを今もなお受け入れ続ける受け皿となっていること、2）地域内外の様々な官民の組織と連携を取りながらプロジェクトを進めていること、3）財政面で海外からの支援を多く受けていること（関係者によると、ドイツ、スイス、アメリカなどの国から寄付が集まり運営面の支えになっているそうです。ホームページでも海外への情報発信が充実しています）が挙げられます。このように、常に遠野市または被災地の内と外の連携を図り、特に外からの支援とのパイプを太くしてそうした支援を実際の地域のプログラムの運営に結び付けていることも、レジリエンスの視点と重なります。

＊　＊

　このように、被災地を中心とする個人から民間組織まで様々なレベルのコミュニティ復興活動を通して、レジリエンス創りとは何かということを学ぶことができます。様々なケースから、身の回りにある「点」として散在しがちな人・能力・技術・情報・資金を「線」として繋げ、目の前の復興や身の回りだけでなく中・長期的な視

点をもって仕組み創りをすることを通して、「木を見て森も見る」ことを実践されている取り組みを見ることができます。こうした実践例は、グッド・レジリエンス・プラクティスといえるでしょう。こうしたプラクティスは、復興活動だけでなく、私達の身近にある様々な社会問題の解決に向けた取り組みにも当てはめられるのではないでしょうか。その実践には多くの課題も伴いますが、こうしたプラクティスをまず1人1人が実践していくことによって、さらに組織や政策がこうしたプラクティスを支援し、連なっていくことによって、レジリエントな社会創りに繋がっていくのではないでしょうか。

3.被災地に見る境界線

　日本には伝統的に人と人の繋がりを重視する文化が多くあり、そこに関わる様々な地域の取り組みに、レジリエンスの基本である連携やプロセスに重点を置くものは数多くあるでしょう。ただし、そうしたコミュニティのレジリエンスを育むと同時に、地域の外の社会やシステムがそのレジリエンスを支える、あるいはそのレジリエンスと連携したレジリエンス力をもって連なる仕組みがあってこそ、地域のレジリエンスもうまく機能すると考えられます。つまり、地域のレジリエンスとその外にあるレジリエンスの両歯車がうまく噛み合う必要があるということです。それらが噛み合ってこそ、2章で述べたようなダイナミックな環境の変化を乗り越えるための道筋への可能性が開かれます。言いかえれば、そのコミュニティのレジリエンスとその外の主体やシステムの境界線にある「隙間」をどうデザインするかが、レジリエントな社会を創る上での鍵の1つを握るといえるのではないでしょうか。前述の福島県飯舘村の例を詳しく見てみましょう。

　飯舘村には、「までい」という古くから伝わる言葉があります。もともと「両手で丁寧に」ということを指し、飯舘村ではこの「までい」に根差した暮らし、特に丁寧に互いの関係を繋ぎ合う家族やコミュニティが育てられてきました。10年以上前、高齢化や過疎化が進む村をどのように次世代に繋げるかという検討がなされる中で、この「までい」が村の施策に採用されるようになりました。人と人、世代間を越えた繋がりを重視し、女性や子供を村づくりの核に据え、短・中・長期的な時間軸を意識した様々なプログラ

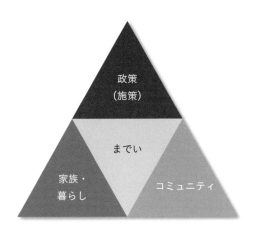

飯舘村「までい」の位置

ムづくりが進められ、行政と市民が一体となった仕組みづくりが推進されてきました（「飯舘村「までい」の位置」参照）。

　具体的には、村を20の行政区に分け、行政区ごとに10年計画である「地域別計画」を策定し、これを文化継承、環境運動、村民主体によるプログラムの中で実践してきました。レジリエンスの視点から見たプログラムづくりの特徴として、1）村民が主体となってプランを策定する仕組み（→市民の自発的参加を促すプロセス）、2）村民の代表がプラン実施状況を評価して次の施策に反映する仕組み（→評価と学習の一体プロセス）、3）村の職員がサポート役となり円滑にプランを進める仕組み（→統制ではなく調整機能の重視）が備わっていることが挙げられます。こうして見ると、「までい」の力に内包されているものは、レジリエンスの要素と重なるところが多いことが分かります。（→は1章の「森と木の視点マトリックス」と重なる取り組みを示しています）

　東日本大震災以降、福島第一原子力発電所の事故による放射能の影響で壮絶な苦難に直面してもなお、これまで培われた「ま

でい」の力をばねに、様々な関連の取り組みがなされてきました。例えば、「いいたてむら防犯まるごとプラン」と称して、1）村の周囲全体を警備する、2）自宅と農具の安全性のチェックする、3）村人をこのプログラムに雇用し、雇用を促進する、といった3つの課題に同時に取り組む仕組みが創られました。「までいな復興会議」では次世代の若者も含め、村の人々、専門家や応援者とも一緒になって「までいな復興プラン」に取り組む仕組みが創られました。また震災後も村民の絆を深めるふるさとコミュニティ事業が実施されてきました。

　村の施策だけでなく、村民が自主的に関わっている取り組みにも「までい」を見出すことができます。村をどのように存続させていくのかといった点で村の意見がかなり分かれる中でも、自分の家を開放し、異なる意見に人々を集め、問題解決方法を見出そうという試みを継続的に行ってきている人々がいます。そのようにして創設された非営利組織「ふくしま再生の会」では、専門家と住民が一体となって、市民・放射能のモニタリングや除染活動が行われています。この活動は飯舘村の委託事業にも採択され、飯舘村の住民自らがGPS付の携帯型モニタを自動車に取り付け、道路上の空間線量を測定し、その測定結果をインターネットやタブレット端末で閲覧できるようにする仕組みが創られています。

　このように住民主体の取り組みは、震災後すぐ生まれたというよりは、震災前から「までい」の力を通してレジリエンスが培われてきたからこそ可能になっていると見ることができます。それでもなお、村は今の非常に厳しい状況に晒されています。災害の備えの中でレジリエンスをコミュニティの中で育てることの大切さは専門家の間でよく言われますが（その重要性は確かですが）、飯舘村が今晒されている状況は、コミュニティのレジリエンスだけでは十分ではない状況もあることを映しだしています。

　村のコミュニティを1つのシステムとして考えると、そのシステムのレジリエンスは、それだけでは十分機能しないときがあります。

ましてや、誰も予想し得なかった福島第一原発事故という国家危機において、外部から大きな打撃を受けた飯舘村のコミュニティが何らかの形で回復し、存続していくためには、飯舘村の本来もつレジリエンスを活かしながら、外の主体やシステム、例えば、政策、政府、企業、NGOもレジリエンスの要素を備えていること、さらにそれぞれの主体やシステムと、そうした外のシステムの「間」、つまり「境界線」におけるレジリエンスの要素を育て、強め、コミュニティの内と外のレジリエンスを連携させていくことが今問われているといえるでしょう。それぞれのシステムの間の「境界線」が、今は「隙間」が多くある状態にあり、もっと多くの意識がこのポイントに集まり、隙間を小さくしていくための仕組み創り、デザインが求められます。

　こうした境界線にある隙間は、現代リスク社会における隙間でもあり、放射能の問題に限らず、極めて複雑で、影響が短・中・長期にわたり、不確実性が伴う現代リスク社会のあらゆる側面に当てはめることができます。地域のレジリエンスとその外にあるレジリエンスの両歯車がうまく噛み合うように、コミュニティのレジリエンスを育むと同時に、地域の外の社会やシステムがそのレジリエンスを支える、あるいはそのレジリエンスと連携したレジリエンス力をもった連なる仕組みを通して、境界線にある隙間をできるだけ小さくする取り組みを、まずは個人、組織、政策それぞれのレベルで考えていく必要があるといえます。

南三陸の海

ホテル観洋の女将　阿部憲子さん

森の防潮堤のための苗木を育てる佐々木さん

南三陸のグランドゴルフ場にて

PWJの西城幸江さん

ISHINOMAKI2.0 の松村豪太さん

遠野まごころネットの井上恵太さん

瑞巌寺にて

5章　ニューヨーク市における協働知創造レジリエンス

1. イノベーティブプログラムに見る
　　レジリエンス

● **全体像**

　ニューヨーク市では、3章で述べたように、気候変動を中心とする複合リスクを重視したレジリエンス・イニシアティブまたはプログラムを軸とした取り組みが、今や多くの市民や多様なステークホルダーを巻き込んで活発に展開されています。これは、2012年10月29日に起きたハリケーン・サンディ後の復興活動に加えて、刻々と迫るダイナミックな環境変化に対してよりレジリエントな都市づくりを目指した取り組みとして位置付けられます。ハリケーン・サンディで最も被害が大きかったコミュニティにおいても、復興活動に取り組むと同時に、次の大型ハリケーンや気候変動による今後の影響を視野にいれて取り組んでいるのが特徴的です。気候変動の影響は遠い世界ではなく、身近な生活や暮らしに今後もますます及んでくる現実を一般市民が認識し、様々な取り組みに積極的に関わろうとする姿に逞しさすら感じます。

　私がフィールドワークでニューヨーク市を訪れたとき、ハリケーン・サンディ後のコミュニティの復興プランづくりに積極的に関わる、ある一般女性に会いました。最初に彼女と会ったときそのコミュニティの復興活動は資金や人材やネットワーク不足でかなり難航していましたが、後述するニューヨーク州のRising Community Reconstruction Program（ライジングコミュニティ再建プログラム）の支援を受けることになったのを機に実質的に復興プランが

大きく動きはじめ、数か月後彼女と2度目に会ったとき、復興プランニング委員会の委員として関わることになった彼女はこう言いました。「今こうした動きに関われることはとてもエキサイティングだけど、私の想像を遥かに超えた膨大なミッションに圧倒されているの」。この言葉はダイナミックな環境変化や現代リスク社会を背景に、従来のボランティア活動や市民社会の在り方を超えた、新しい市民の社会問題への関わり方が問われる時代に入ったことを反映しているかもしれません。こうした市民とレジリエンス創りの関係について、2節「コミュニティの復興活動からレジリエンス創りへ」の事例で詳しく見ていきます。

　このような新しい市民の関わり方と並行して、現代リスク社会では分野や組織の枠を超えて多様なステークホルダーを短・中・長期的に巻き込むためにも、従来の政策アプローチを超えた、新しいプログラムや仕組み創りが求められています。3章でレジリエンス先進国にあっても、「従来の政策や政府プログラムでは、社会的に複雑な政策に直面する上で必要不可欠な対応の変革を効果的に行うには十分ではない」、「レジリエンスを実施するためには、段階的で包括的な政策枠組みを構築することに並行して、それに対応するための組織的課題を克服しなければならない」という課題があることを紹介しました。ここでいうプログラムや組織的課題は、まさに従来の政策アプローチを超えた新しいプログラムや仕組み創りと重なります。こうしたプログラムや仕組み創りは、一部の研究者や行政組織の中で取り扱われがちですが、現代社会リスクを乗り越えるための道筋をつけるプロセス全体に関わる問題であり、そのプロセス次第で結果が大きく左右されかねないということを認識しておく必要があります。ニューヨーク市はそのことにいち早く気づき、従来の方法にとらわれないプログラム創りや仕組み創りに取り組んでいることが注目されます。

　その流れで3章で紹介したニューヨーク市またはその周辺の政策プログラムをさらにじっくり見ていくと、ユニークな方法で様々な

資源が組み合わせられた、または再構築された仕組みを幾つも見出すことができます。1章の中で「既存の知を新しく組み合わせ、練り直し、新しい知を再創出すること」に関わるものがイノベーションであると述べたことを踏まえ、そうした仕組みにはそのイノベーティブ（innovative）な要素が内在しています。ニューヨーク市では、従来のアプローチを超えたイノベーティブな方法を協働で創り出すことによって、レジリエンスをベースにしたプログラム創り（以下、イノベーティブプログラム）、あるいは仕組み創りが進められています。

　一方、経済の中心から離れた地域や貧しい地域では、ニューヨーク市のレジリエンス・イニシアティブや関連のプログラムの恩恵が行き届いていない状況（レジリエンスに関わる取り組み上の隙間）も見られます。またニューヨークの被災地のコミュニティの特徴の1つとして、多様な移民から成る場合が多いなどの理由から、東北のケースで見られたような長い歴史の中で培われた人と人の繋がり、コミュニティの繋がりは薄い傾向にあることが挙げられます。こうしたニューヨーク市のレジリエンスの取り組みにおける光と影の両面は、政策と市民やその他のステークホルダーの間の関係性、つまり境界線における動きを映すものとなっています（詳細は2、3節にて）。

● イノベーティブプログラム

　まず、従来のアプローチを超えたイノベーティブな方法を協働で創り出す「イノベーティブプログラム」の例を通して、それぞれの特徴や仕組みがどのようにレジリエンスに関連しているかを見ていきましょう。ここでは、ハリケーン・サンディ復興に関わる主な2つのイノベーティブプログラム例として、2013年4月にニューヨーク州によって設けられたコミュニティと政策を繋ぐ仕組み、Rising Community Reconstruction（NYRCR）Program（ライジング

コミュニティ再建プログラム）と、2014年6月からニューヨーク市を中心にして始動した、官民合同の出資による世界の多様なステークホルダーを取り込む仕組みである "Rebuild by Design"（RBD、デザインによる再建）を取り上げます。

イノベーティブプログラム例 I：コミュニティと政策を繋ぐ仕組み ～ニューヨーク州 Rising Community Reconstruction (NYRCR) Program ～

概要：NYRCRプログラム（ライジングコミュニティ再建プログラム）は災害で最も影響を受けたコミュニティを対象に、「物理的にも、社会的にも、経済的にもレジリエントで持続可能なコミュニティ」を構築することを目的とするプログラム。連邦住宅都市開発省コミュニティ開発ブロック助成金による出資で、約100の被災地域を対象に、1コミュニティあたり300万ドルから2500万ドルの分配が想定されている（総額資金約6億5000万ドル）。プログラムの特徴として以下が挙げられる。

- ニーズや機会のアセスメントから計画づくり、実施に至るまで、コミュニティ主体によって運営される（①）。
- 一方、必要な情報・専門知識や技術的なアドバイスが、計画策定から実施に至るまで一貫して提供される（②）。
- 州政府の担当者は調整役になり、プログラム進行を円滑に進める役割を果たす（③）。

仕組み：

- 復興プランに基づいて実施まで一貫して支援される（④）。
- 「プランニング委員会」にはコミュニティを代表するニューヨーク住民が委員となって参加する（これまでに500人以上が委員として活動）（⑤）。
- すべてのプランニング会合（これまでに400回以上開催）や資料は一般公開され、一般市民もフィードバックできる（⑥）。

レジリエンスとの関連性（1章の「森と木の視点マトリックス」を参照しながらプログラムに見られるレジリエンスの要素を抽出）：

- 財政面、運用面、意思決定面の連携（上記①、④と関連—プログラムの資金をどのように使うか、どのように運用し、どのように意思決定を行っていくかを決めるプロセスの中に市民が主体となって関わる仕組みがある）
- 中核調整機能（上記③と関連）
- 複数の時間軸をもち、定期的に見直しながら一貫して進めるアプローチ（上記①、②、④と関連）
- 市民の自発的参加を促すためのプロセス（上記①、⑤と関連）
- 多様なステークホルダーが参画するためのプロセス（②、⑤、⑥と関連）
- 多様な人々の考えを反映させるためのプロセス（上記⑥と関連）
- オープンな情報と協働知創出システム（上記②、⑤、⑥と関連）

イノベーティブプログラム例2：官民合同の出資による世界の多様なステークホルダーを取り込む仕組み　〜ニューヨーク市"Rebuild by Design"（RBD、デザインによる再建）〜

概要：自然災害の再建のために、問題解決型のデザイン（分野横断的な要素が重視される）を公募する、全米ではじめての（工学、ランドスケープデザイン、都市デザイン、コミュニケーションを含む）分野領域を超えた世界デザインコンペを開催し（①）、受賞提案の実施にまで繋げるプログラム。

米国連邦政府・住宅都市開発省（HUD）、「大統領ハリケーン"Sandy"再建タスクフォース」といった連邦政府からの出資に加え、ロックフェラー財団やその他民間財団の資金を組み合わせて運営されるというユニークな運営。これに、ニューヨーク大学、ニューヨーク芸術協会、民間企業による知識やアイ

RBD における協働連携図

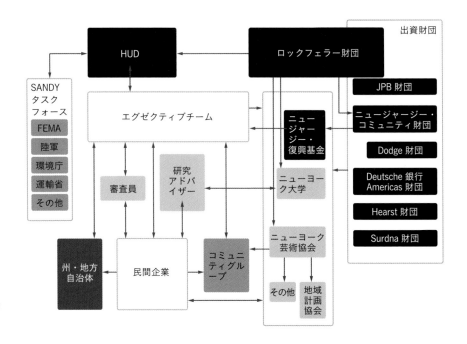

デアや技術の提供を受けながら、州・地方自治体、コミュニティグループが連携（②、「RBD における協働連携図」参照）。これを踏まえて 2014 年度は約 10 億ドル相当が 6 受賞チームへ。その資金を使って提案されたデザインが今後実施予定。

仕組み：このコンペは、従来あるような提案→受賞者の決定といった一方通行の仕組みとは異なり、次のように多様なマルチステークホルダーを巻き込む仕組みが創られている。

まずプロポーザルから 5～10 チームが選出され、選出されたチームには、ニューヨーク市の様々な地域の多様な資源を包括的にリサーチし、分析するための期間が 2 か月与えられる（③）。

このプロセスを通して、ニューヨーク市の市民を中心に多様なステークホルダーとコミュニケーションを図ることが要件となっている（④）。そのリサーチと分析を踏まえて、該当チームはデザインを通してよりレジリエントな都市を創るためのソリューションを提出し、その選考を経て受賞者が決定される。

またプログラム全体の実施状況について、非営利シンクタンクの Urban Institute とロックフェラー財団が定期的に評価を行い、報告書は随時公開。結果はより良い仕組みに反映される（⑤）。

レジリエンスとの関連性（例1と同様）：
- 代替的方法の探索（上記①と関連）
- 過去の決まりきったルートに依存しないアプローチ（上記②と関連）
- 多様なセクターや組織間の相互コミュニケーション（上記④と関連）
- 多様なステークホルダーが参画するためのプロセス（上記③④と関連）
- 評価と学習の一体プロセス（上記③⑤と関連）

プログラム例1のNYRCRのプログラムは、「コミュニティと政策を繋ぐ」ことを単なる言葉じりではなく、実際のプロセスとして綿密に仕組み化したものといえるでしょう。いつも必要な情報・知識を共有できる環境やそれを調整する機能を常設することによってコミュニティ・政府・民間が一体となり協働知を創りながら取り組む仕組み創りは、レジリエンス創りに大いに重なるところがあります。こうした仕組みは、復興だけではなく、今後の環境変化に対応できるレジリエントなコミュニティを創り上げていこうという動きに繋がっています。

実際「コミュニティと政策を繋ぐ」重要性は至るところで謳われますが、通常はそのために住民説明会であったり、「パブリックミ

ーティング」の開催やアンケートの実施であったりといったアプローチがとられます。こうしたケースでは、単発で開催・実施されるに留まり次に繋がらない、一方的な発信になりかねない、または非建設的な意見交換となりかねないといった問題をはらむ傾向があります。さらに「市民が自主的に取り組むこと」も色々なところで言及されますが、必要な情報・知識・技術といった資源をもたないまま、また財政と運用と意思決定がうまく噛み合わないままの環境では市民の自主的な取り組みはうまく機能しない可能性が高いでしょう。

そういう従来の傾向も踏まえてNYRCRの特徴を見ると、短・中・長期的の視点を網羅し、計画づくりから実施までのプロセスを通して一貫して市民を支援し、また必要な情報・知識・技術といった資源を常時市民に提供しながら、さらに主体でうまくプログラムが廻っていくように、財政と運用と意思決定が噛み合うように政府の調整スペシャリストが調整役に徹する仕組みが創られている点が目を引きます。これは従来の市民と政策の間の隙間を小さくするためのアプローチの1つのモデルになるかもしれません。

またプログラム例2のRBDについても、資金提供・運営・実施まで多くの官民学が連携できる仕組み、またコンペのプロセスの中にリサーチ・分析を可能にする期間を設け、市民やステークホルダーと向き合って現場のコミュニケーションを重視する仕組みを創るという、従来見られなかったようなイノベーティブなアプローチが採用されています。世界のアイデアを吸収しながら、現場に向き合って官民学が一体となり協働知を創り上げ、それを形にするプロセスそのものの中に、レジリエンス創りとの接点を多く見出すことができます。

このRBDのアプローチはニューヨーク市の外にも大きく波及しようとしています。ニューヨーク市のRBDプログラムがモデルになって、米連邦プログラム "National Disaster Resilience Competition"（国家災害レジリエンスコンペ）と題して、RBDと類似のプログラ

ムが連邦政府レベルで展開されることになりました。またドイツの ベルリンでも、RBDのアプローチを採用したフォーラムが開催されるなど、多様なステークホルダーを文字通り巻き込む仕組み創りは国を超えて注目されています。

　これら2つの例に見るようなイノベーティブプログラムは、豊富な財政力をもつニューヨークだからこそできるもの、また類まれなリーダーシップを発揮する市や州知事がいるから実現したもの、という見方もあるでしょう。確かに、ニューヨーク市では前市長ブルームバーグをはじめとする財政力もリーダーシップ力も兼ね備えた関係者によってレジリエンス・イニシアティブが始動しました。ただそれに焦点を当てるだけでは、ここで見出せる大切なことを見過ごすことになりかねません。

　現代リスク社会の中で、私達がダイナミックな環境変化に吹き飛ばされないようにダイナミックな仕組みやプロセスをどのように創るのか、それを通してどのようにレジリエンスを社会で育てていく、または築いていくことができるのか。そのためのヒントを、こうした先進的なイノベーティブプログラムの中の仕組み創りから得ることができるように考えられます。

2. コミュニティの復興活動から
　　レジリエンス創りへ

　ここでは、当初復興プロセスにおいて困難が見られたものの、コミュニティと政策を繋げる仕組みがきっかけで進展しはじめているニューヨークのブルックリン・Canarsie（カナーシー）地区の復興活動のケースを通して、レジリエンス創りをじっくり見たいと思います。前述の NYRCR プログラムがどのように実践されているかということにも触れていきます。

● 背景

　カナーシーは、中所得者層が多く住む街で、ロッカウェイと同様に、沿岸地域に位置するため気候温暖化による海面レベルの上昇や異常気象の影響を受けやすく、また新しい移民の流入が多いことから、元々の人と人の繋がり、コミュニティの繋がりは薄い傾向があるという特徴をもつコミュニティです。これまでにも洪水のたびに住宅が浸水する、下水道の不備が生じるなどいつも問題を抱えてきました。ハリケーン・サンディ直後もカナーシーのコミュニティ全体の 96％以上が浸水し、83％以上の住宅が損傷を受けたことが住宅都市開発省によって報告されています。

　また住民やコミュニティのリーダーの話を聞くところによると、カナーシーも、ロッカウェイと同様にハリケーン・サンディの被害直後、政府や民間組織からの包括的な支援はありませんでした。ニューヨーク市のハリケーン・サンディ対応全体では、政府と民間組織・

市民が一体となって迅速な対応をしたことで、その災害対応は一般的には賞賛されますが、地域によってはその対応に「隙間」があることが分かります。カナーシーのコミュニティ関係者によると、あるボランティア団体が来て何か支援を提供するということはあっても、誰が何をしてどこに行けばどんな助けを得られるのかといった情報はなく、住民のフラストレーションは溜る一方だったといいます。一方、ロッカウェイと同様に、カナーシーが直面する諸問題を直視し、被害直後から現在に至るまで、コミュニティを引っ張り続けているリーダーの存在があります。

そうした中で 2014 年 6 月ごろから前述の NYRCR プログラムの支援を得ることになり、コミュニティの復興プログラムが大きく発展しはじめました。ただし、これはただお金の問題ではありません。従来の支援プログラムとは異なるプログラムの特徴が大きく関係しています。詳しく見ていきましょう。

● NYRCRプログラム開始（2014年6月頃）までのプロセス

私が 2014 年春に訪れたころカナーシーの復興活動は混沌としていました。カナーシーのコミュニティのリーダーの 1 人である Rabbi Yosef Serebryanski 氏に話を聞いたとき、2012 年 10 月被災後からコミュニティとずっと向き合ってきた状況を次のように話してくれました。

- 元々の人と人の繋がり、コミュニティの繋がりの薄いコミュニティをどうまとめあげるかに最も大きな課題があった。
- 当初、目の前の生活の立て直しだけで精一杯の状況にある人々に、これは今だけの問題だけでなく長期的な持続可能性に関わる問題であることを理解し協力してもらうことに困難が伴った。
- 人々の間に、協力することで他人が自分の情報を利用する

のではないかといった恐れや、政府やその他への不信感があった。
- 不満を漏らす人は多くいたが、個人的に何か行動して本当に問題解決をしようという人が少なかった。

こうした説明を踏まえると、災害前のカナーシーのコミュニティにはレジリエンスとは程遠い状況にありました。他の住民たちの話も聞いていると、カナーシーで「コミュニティ」の存在を感じたことがないといった見解を述べる人が多くいました。その背景の1つに、もともと移民の多いニューヨーク市の街の中でも、カナーシーはひときわ移民の多い街である（ニューヨーク市で全人口の約22％が外国生まれであるのに対し、カナーシーでは約48％（www.city-data.com から統計、2011年））ことも関係していると考えられます。Serebryanski 氏はこの状況を直視し、住民の中でリーダーになり得る何人かの人物と共にカナーシー住民の中で協働を促すことと、政治家に現状を訴えることを念頭に、被災直後から次のような取り組みを実施してきました。

まず、ニューヨーク州が推進する "Greenthumb"（市民主体で緑のガーデンを広げるプログラム）の下でコミュニティガーデンづくり（「オーガニックコミュニティガーデンのつくり方」）やハーブに関するワークショップを開催し、コミュニティが協働することの意味を伝えていく試みをはじめました。さらに、こうした取り組みに加えて、住民の中・長期的な視点を促すために、「環境ビジネス」、「協働でつくるコミュニティレジリエンス」をテーマにしたワークショップを次々に展開します。

さらに個人的な取り組みを、組織的な取り組みに繋げようと、ブロックごとに協働するグループ（ブロックアソシエーション）創りのためのワークショップを企画します。昔はカナーシーにもこうしグループが多く見られたものの時代と共に廃れていったようです。Serebryanski 氏は、このブロックアソシエーションを再構築する

ことによって、支援を必要とするときにより効率よく得られるツールになる、さらに個人的な取り組みを組織の形にすることで政治家や政府にカナーシーの現状について説明する際に住民の希望を伝える基盤となると考えました。

　こうした取り組みを積み重ねる中で、"Greenthumb"の取り組みは発展し、"Canarsie Blooms"というブロックアソシエーションの設立に繋がっていきます。コミュニティを育てるには「気づき」と教育からというモットーの下、"Canarsie Blooms"では個人や学校を対象に、環境に優しいやり方を追求したオーガニックフードを育てるプログラムを展開していきます。Serebryanski氏を中心とする数人のリーダーシップに率いられるこうした取り組みを通して、コミュニティの人々の間にカナーシーを取り巻く様々な問題に「気づく」こと、それに向き合うこと、そして子供たちや孫たちが健康で生き続けられる場所を創ることの大切さが伝授されていきました。このようにして、復興の取り組みが中長期的な視点にまで結びつき、それを通して人々にレジリエンスとは何かが伝えられるプロセスが生まれていきます。

　Serebryanski氏は、こうして市民の教育を続けながら、そこから連なっていった他のリーダーたちと共に何度も政治家との政府関係者への説得を続けます。そして2014年6月、ようやくニューヨーク州知事がハリケーン・サンディの被災地の中で政府の支援を得ていない人々がいることを把握します。ニューヨーク州知事は、カナーシーを含む幾つかのコミュニティのための諮問理事会を設置し、その審議を踏まえてカナーシーはNYRCRプログラムの対象地域の1つとして選ばれることになりました。

　結果的に幾つかの他コミュニティには300万ドル程度提供される一方で、カナーシーは1190万ドルが提供されることになりました。私はこの結果を聞いたとき、単純にすごいと賞賛しましたが、Serebryanski氏は「いや、この額をどうカナーシーのレジリエンス創りに活かせるか、これからが勝負だよ」と言いました。この捉

え方は、冒頭で紹介した「今こうした動きに関われることはとてもエキサイティングだけど、私の想像を遥かに超えた膨大なミッションに圧倒されているの」という女性の見解と重なるものでしょう。従来のボランティアや市民活動を超えて、以下に見るようにその活動の中で、長期的なコミットメントと、説明責任と、計画から実施までの創意工夫が市民に求められることになります。

● NYRCR開始以降のプロセス

　この市民に求められる新しいコミットメントは、前述のNYRCRの仕組みと深く関係します。NYRCRプログラムの特徴の1つとして、住民代表者と政府関係者と技術的なアドバイザーがセットになったPlanning Committee（プランニング委員会）の仕組みがあります。この委員会は、基本的にはコミュニティ主体によって運営されますが、必要な情報・専門知識や技術的なアドバイスが、計画策定から実施に至るまで一貫して提供され、また州政府の担当者は調整役になり、プログラム進行を円滑に進める役割を果たす仕組みです。

　この仕組みに沿って、カナーシーではSerebryanski氏を含めて9人の住民がプランニング委員会の委員となり、2014年6月以降半年の中で数回にわたって委員会会議が開催されています。この会議はすべて公開され（誰でも参加可能）、そこで話し合われた議事録もウェブサイトで公開されます。このプロセスを通して、上記の資金をどのように使うかについての計画づくりが行われています。

　またこの計画づくりでは単なる復興ではなく、短期から長期にわたる問題を見て、町のコミュニティの構造がどのようによりレジリエントな構造に変えることができるかが重視されているのが特徴的です。この委員会の会議以外に、ここで話し合われた内容について一般住民が意見を述べやすいように、Public Engagement Meeting

（公共エンゲージメント会議）も定期的に開かれています。

　私も2014年10月に"Canarsie Planning Committee Meeting #6"（第6回カナーシープランニング委員会ミーティング）に参加する機会がありました。9人ほどの住民代表者、数人のコンサルタント、数人のニューヨーク州・市の関係者が出席する中で、今後のカナーシー地区の復興プランの青写真が討議されていました。印象的だったのは、通常よくある会議のような雰囲気ではなく、出席者が新しいプランをどのように描くかをテーマに一丸となって協働で知恵を絞り出しイキイキと討議している姿でした。

　より技術的な側面として、このプランニング委員会では以下の段階に焦点を当てて計画づくりが進められています。

第一段階
- 計画領域の範囲の設定
- "Sandy" による損害のアセスメント
- 重要課題の明確化

第二段階
- コミュニティの重要資産の明確化
- その資産のリスクアセスメント

第三段階
- 復興ニーズと機会の明確化
- レジリエンスに関するニーズと機会の明確化

　こうした段階を踏まえて、プランニング委員会は包括的な復興およびレジリエンス戦略を作成し、その戦略を実現するために幾つものプロジェクトを企画設置、さらに実施行動計画を策定するといった順序で進められています。それぞれのプロジェクトについても、専門的な「コストベネフィット分析」や「実施可能性分析」が要求されます（このため、技術的なアドバイザーが委員会に入っていることは重要なポイントの1つになります）。

● 「復興コミュニティセンター」

　カナーシーのプランニング委員会が提案したプランの中のプロジェクトの目玉の1つに、「復興コミュニティセンター」の設立があります。これはただ建物を建てるということではなく、また政府が管理・運営するということでもなく、次のような特徴があります。

- 非営利組織が運営し、プログラム創りをすること、地元の住民が建物や日々の業務を管理すること（→市民の自発的な参加を促すためのプロセス）
- 当面2年間有給の「コミュニティ・コーディネーター」を配置すること（→日常と非日常時の結びつきの重視、中核調整機能）
- 「コミュニティ・コーディネーター」には、次のような任務を課すこと
  - 緊急コミュニティ計画の策定とそのマネジメント（ブロック・アソシエーションの連携、コミュニティベース組織の能力強化を含む）（→日常と非日常時の結びつきの重視）
  - 災害前・中・後に関わらずいつでも情報や物資を効率的に、住民に届けられる仕組みをつくること（→日常と非日常時の結びつきの重視）
- 脆弱な人々（高齢者、障害者、貧困者など）に対して特別なサービスを日常的に提供すること（→日常と非日常時の結びつきの重視）
- 「レジリエンス人材トレーニング」、「レジリエンス開発プログラム」のサービスを日常的に提供すること（→日常と非日常時の結びつきの重視）

　この「復興コミュニティセンター」の中身は特に、→に示すように、1章の「森と木の視点マトリックス」の要素と大きく重なります。

このようにNYRCRのプログラム下での取り組みは、そのプロセスそのものがレジリエンス創りとなっています。再度この地を訪れて、この「復興コミュニティセンター」がどのように展開されていくかを見るのが今から楽しみになってきました。

● グッド・レジリエンス・プラクティスと課題

　このようにNYRCRプログラムの下でカナーシーの復興の取り組みとレジリエンス創りが大きく動き出したわけですが、この原動力となったのは、小さなコミュニティ活動であったことは言うまでもありません。ハリケーン・サンディ被災当初バラバラであったカナーシーですが、コミュニティガーデンやブロックアソシエーション創りなど、1つ1つ見れば小さな取り組みを敷衍し、積み重ねてきたプロセスに、カナーシーの外からの支援が連動し、イノベーティブプログラムの仕組みが一体となって進展してきたと見ることができます。

　特にカナーシーの場合は移民の割合が多いという背景を抱え、もともとの人と人の繋がりが薄いという課題がありました。こうした課題だけでなくても、身近な日本の環境に置きかえて考えると、高齢者が多い、貧困者が多いなど、一見コミュニティの脆弱性に関わると見られる課題はコミュニティによって様々あると思います。しかし、こうした脆弱性に関わると見られるケースでも、小さなレジリエンス創りの取り組みを積み重ねていくことによって、コミュニティにレジリエンスを創っていけることを、このケースは教えてくれているように思います。

　さらに、このコミュニティ活動を通して芽生えたレジリエンスを生かし続ける上で、NYRCRという外からのインプットは不可欠でした。そのインプットも全体管理しようというものでも、「点」の視点から資金投入しようというものではないことがポイントです。レジリエンスを育てる、強化することを重視したプロセスや仕組みを促すもの

であったからこそ、コミュニティの取り組みとうまく連動していると見ることができます。つまりコミュニティの取り組みとプログラムの関係は、表裏一体の関係であるともいえます。ここでは被災後のカナーシーの復興活動の取り組みも、NYRCRの取り組みもグッド・レジリエンス・プラクティスといえるでしょう。

　この事例から、コミュニティだけでなくその外からの支援システムにおいても、レジリエンスを育てるプロセスを重視した仕組みを創っていくこと、そしてそれらを連動させていくことが重要であることがわかります。また、そうした仕組みに関わる人々には、今だけでなく、これから起こり得ることを含めて考え、仕組みを創って実践していくことが求められ、今までにない柔軟な想像力と行動力が要求されるようになっています。

　このようにしてコミュニティと政府、企業、民間組織の間の境界線に対する示唆を含めて、今後ダイナミックな環境変化を乗り越えていくためのレジリエンス創りについて多くの示唆が得られます。

3.被災地に見る境界線

これまでに見てきたように、ニューヨーク市では、レジリエンス・イニシアティブやイノベーティブプログラムが動き出し、市民と政府と民間組織の間の境界線を繋ぐ仕組みが幾つも生み出されていますが、一方でその境界線には未だ多くの「隙間」があります。特にその隙間は、一般的に見過ごされがちな恵まれないコミュニティにスポットライトを当てることによって浮き彫りになります。ここでは別の事例としてニューヨーク市の中心部から離れたクィーンズ地区南東にあるロッカウェイ（Rockaway）のコミュニティのケースに焦点を当て、その光と影を見ながらその境界線にある「隙間」について考えてみたいと思います。

● ロッカウェイの地から

ロッカウェイは、マンハッタンから約1時間かけて何度も地下鉄を乗り継いで辿り着くところにあります。ロッカウェイは大西洋に面していることからハリケーン・サンディの直撃を受けました。2014年秋、Salvatore Lopizzo氏率いる非営利組織YANA（1章で紹介）を訪問するために、ロッカウェイの地下鉄の駅に降り立ったとき、ニューヨーク市のマンハッタンの華やかな空気とは異なるどこか寂しく、取り残されたような空気を感じざるを得ませんでした。ハリケーン・サンディが直撃して約2年たった今もここでは復興活動が粛々と続けられています。

駅の近くに本拠を置くYANAのオフィスに入っていくと、ちょう

どサンディの被害を受けた当時を回顧した写真展 "Stories to Remember" が行われていました。痛々しい大災害の痕跡を残す数々の写真の中に、暗闇の中に光を灯したような1枚の写真に目が惹きつけられました。その写真には、被災直後の何もなくなった地で、段ボール箱から切り取った切れ端の上に暗闇の中で書かれたであろうと想像される詩が次のように残されていました。

Calm- Spirit
"Never be in a hurry; do everything quietly and in a calm spirit. Do not lose your inner peace for anything whatsoever, even if your whole world seems upset"
                                            -St.Francis de Sales

訳:静かな魂
「決して急がないで。すべてのことを静かに、静寂な魂のうちに。どんなことがあっても、あなたの内なる平和を失わないで。たとえあなたの世界がひっくり返ったように見えても。」
                                            ―司教フランシスコ　サレジオ

　この詩から、すべてを失った苦しみの中にあっても自分を見失わないで静かに現実を受け止め、立ち上がろうとする書き手の心を想像しました。1章で気づきの視点から「レジリエンスとは何か」のリストの中に、「深く沈んでも折れないこと」を入れましたが、もっといえば、この詩から引き出されるように、どんなときも冷静さを常に失わず、心の内側で静かに受け止める心をもち続けること、何が起きても絶望せず希望を持ち続けることが加えられるのかもしれません。ハリケーンで辺り一面何もなくなった被災地ロッカウェイを歩きながらこの詩を目にした人々、そしてこの写真を写した写真家はどんな気持ちでこの言葉を受け止めたのでしょう。

● YANAを通してみるロッカウェイにおけるレジリエンスへの取り組み

　YANA は、2012 年 10 月ハリケーン・サンディが到来する 2 週間前にロッカウェイの住民の就労の支援をする目的で開業したばかりでした。Lopizzo 氏はイタリアからの移民としてこの地で生まれ育ち、医療従事者としてニューヨークの中心部で長年勤めた後、この町に戻ってきたとき愕然としたと言います。低所得者層が多く住むこの地域は、ニューヨークの中心部から取り残された閑散とした町となっていました。Lopizzo 氏曰く、サンディで被災する前から町は荒廃していたと。ロッカウェイは海岸近くに位置していることもあり夏は多くの海水浴客がやってきますが、それ以外は忘れ去られたコミュニティになっていました。

　一方被災後、YANA は当初の目的を超えて多くのボランティアが外から駆けつける中核的な場所となり、"Occupy Sandy" を中心とするサンディ救援のためのボランティア団体の拠点ともなり、ロッカウェイコミュニティのハブのような存在になっていきました。また、YANA の拠点は壊れた教会に代わって礼拝の場としても、オンライン心療医療プログラム（市民が YANA にきてオンラインでサンディ後のストレスや日々の苦難について話せる場を創りアドバイスを提供するプログラム）を実施する場としても用いられました。

　こうした取り組みを継続しているうちに、YANA は当初の目的を超えて、ロッカウェイの持続可能性への道筋を創ることが目標になっています。単なる目の前の復興だけでなく、今後の気候変動の影響による異常気象と海面レベルの上昇に備え、どのような住宅を再建するのか、電気やガスが無くても生活を継続できるように太陽エネルギーなどの代替的エネルギーを如何に導入していくか——そうした課題に関わるプロジェクトを、YANA は市関係者や民間投資家と市民との間に立って進めています。また教育や就労にも力を入れ、若者・大学生のためのキャリア準備のためのワー

クショップや、大人のキャリアスキルを向上させるためのワークショップを定期的に開催するといったプログラムも継続的に実施しています。さらに、地元アーティストによる展覧会や写真展、地元の音楽家たちを集めたコンサートなど、芸術を通して、日常的な人と人の繋がりを強め、コミュニケーションを図る取り組みも欠かしません。これらのYANAの取り組みから見える特徴として以下を挙げることができます。

1) 災害時だけでなく日常的にコミュニティの誰もがいつでも集まれる場を提供（→対面繋がり、日常時と非日常時の結びつきの重視）
2) 短期的な視点に留まらず、地域の持続可能性を考慮して中長期的な視点を基盤に据えた取り組みを継続的に実施（→複数の時間軸、一貫性）
3) 市民とその外の関係者（ボランティア、市、企業）との間に入って調整役機能を提供（→中核調整機能）

　上記の1)、2)、3)は、→に示すように、1章の「森と木の視点マトリックス」にある要素と重なります。レジリエンスのYANA自体、財政的に豊かな組織ではなく、個人のイニシアティブで運営されている小さな非営利組織である（個人的な出資や寄付で賄われており、今も運営を継続させるために財政支援を必要としています）にもかかわらず、様々な人と知識と経験といった資源を駆使して、コミュニティのレジリエンス創りに取り組んでいる姿には圧倒されます。こうしたYANAとその周辺のロッカウェイの復興の取り組みから、どれだけ規模は小さくてもレジリエンス創りは小さな取り組みからできること、またそうした取り組みを積み重ねていくことの大切さを学びます。

　ロッカウェイにはニューヨーク市中心部にあるようなキラキラの光とはどこか違いますが、人々の素朴な言葉、笑顔、コミュニケーシ

ョンから引き出される別の光があります。私はこの地を訪れてそうした光に惹かれました。

境界線における隙間

　一方ロッカウェイは前述のように、1）低所得者層が多いということに加えて、2）沿岸地域に位置するため気候温暖化による海面レベルの上昇や異常気象の影響を受けやすい、3）新しい移民の流入が多く元々の人と人の繋がり、コミュニティの繋がりが薄い傾向があるというように、少なくとも3つのハンディを抱えるコミュニティです。そうしたハンディを乗り越えるためには、コミュニティのレジリエンス創りだけでなく、コミュニティの取り組みを支える外からの支援が求められます。しかし、Lopizzo氏は、ロッカウェイは連邦政府や赤十字などの大きな組織による支援をほとんど受けてこなかったと言います。こうした貧しい地域には、ニューヨークのレジリエンス・イニシアティブやNYRCRのような関連プログラムの恩恵は届いていませんでした。

　政府や民間組織の支援を得られていない現状に対して、政治家・政府・民間組織がこうした貧困地域に目が行き届いていない、政治家や政府に訴えるほどの住民の結集力が欠けている、様々な助成金に応募するだけの技術力をもった人材がいないなど、様々な理由が考えられますが、私はその明瞭な答えを今持ちあわせていません。しかし少なくとも、復興および今後のコミュニティ創りにおいて外からの支援のニーズがある場所に必要な支援が行われていないこと、さらに恵まれない脆弱なコミュニティまで現在のニューヨーク全体のレジリエンス創りの配慮が行き届いていないことは指摘できます。こうした恵まれない脆弱なコミュニティこそ、コミュニティ主体のレジリエンス創りを支える外からの資源のインプットが必要不可欠であり、そのためには外が「現場」を知る努力をすることが何よりも大切です。

「現場」が外から十分理解されず、外からのアプローチとの間にズレ（隙間）が見られる例として次のような例があります。先に記したようにロッカウェイはニューヨーク市の中心部から地下鉄で1時間以上乗りついだところに位置し、交通不便なところにあります。そうした中でロッカウェイのコミュニティとマンハッタンを結ぶフェリーは、観光客を呼び寄せるためにも、ロッカウェイ住民がニューヨークの中心部で職を得て毎日の通勤を容易にするためにも重要な交通手段でした。しかし2014年10月に運航停止されることになりました。利用客が少ない、財政的に維持が困難であるという理由が提示されたようです。一方で、サンディ以降、1億4000万ドル以上かけてロッカウェイ・ビーチは修復され、その一部として長い立派な遊歩道が建設されています。こうした遊歩道よりまずはフェリー運航の継続をというコミュニティの願いは、一旦断ち切られました。しかし、その後展開があり住民の強い声が届いたのか、その決定が一転し、2015年2月、ニューヨーク市から2017年に再びフェリー運航を再開する、地下鉄と同料金でサービスを提供するという発表がなされました。これは朗報である一方、それに住民はぬか喜びはせず、再開そのものはなぜ2年後なのかとして、早急の再開を要求しています。

　この例に見るように、「現場」を見ないで実施される外からのアプローチは、コミュニティのレジリエンスを培うのに資するどころか、足枷になりかねません。せっかくの財政的資源を有効に使い、双方にとってハッピーな状況を創り出すためには、現場と政策、コミュニティと政府・民間組織・NGOを含む外のステークホルダー、あるいはコミュニティの中のシステムとその外のシステムとが文字通り「繋がる」必要があります。特に恵まれない脆弱なコミュニティは、これを自ら訴える資源や手段をもたないことが多いため、外がこれを意識して繋げていくことが重要と考えられます。こうしたケースは、あらゆるステークホルダーが、レジリエンス創りをしていく上で今後向き合わなければならない「隙間」を教えてくれている

ように思います。

＊　＊

　この章ではニューヨーク市のレジリエンス創りの光と影の部分を見てきましたが、この両面とも、ニューヨーク市全体で進められている世界でも先進的な取り組みから引き出されるものであり、多くを学ぶことができます。特にイノベーティブプログラムは、様々な主体やシステムの間の境界線に踏み込み、異なる主体やシステムを繋ぐモデルになるものとして今後も目が離せませんし、その中に見える「隙間」については、あらゆる関係者が注視し、配慮していかなければならない課題と考えられます。

マンハッタンへ向かうフェリーより

"Never be in a hurry; do everything quietly and in a calm spirit. Do not lose your inner peace for anything whatsoever, even if your whole world seems upset."

— St. Francis de Sales

写真展 "Stories to Remember" より

Rockaway のフェリー乗場

Canarsie Planning Committee Meeting
(カナーシープランニング委員会ミーティング)

Canarsie Planning Committee Meeting
(カナーシープランニング委員会ミーティング)

地下鉄にて

Ⅲ 部

木を見て森も見て

Oct. 19, 2014
@ Cornelia Street Cafe
NY

6章　協働知創造レジリエンスのデザイン

1.プログラム・デザイン枠組み

　序章で述べたように世の中で言われる「レジリエンス」は玉石混交で、レジリエンスという言葉だけが独り歩きしてしまっているところがありますが、これまでの章で積み重ねてきたように、レジリエンスの中に内在する要素を1つ1つ紐解きながら、その視点を通してレジリエンスに関わる様々なレベルにおける取り組みを実際見ていくと、レジリエンスに関わる木と森（木の詳細と、木と木の関係性を見た上での全体像）を少しずつ明らかにすることができます。そのプロセスの中から生まれ結晶させたものを「協働知創造のレジリエンス」と呼び、協働知を創ることによって実現されるレジリエンスを描いてきました。もし「協働知創造のレジリエンス」（以下、協働知創造レジリエンス）、その心は？と問われたとしたら、次のように3つで説きます。

1) 1人1人が、「気づき」からあらゆる枠を超えて、社会の中でばらばらに散在しがちな情報や知識または組織や専門性といった「点」と「点」をあらゆる方向から結び、線に変えていく作業を積み重ねていくこと。
2) 一方で、現代リスク社会が抱える問題はどんな広い見識をもった人でも1人だけで解決できるものではなく、コミュニティや社会のレジリエンスを育て、強化し、築くためにより多くの人が緩やかに連動しながら、多様な人々の知や経験を集

積し、周囲や社会にある様々な「隙間」を見つけ、問題解決方向に向けていくための仕組みやプロセスを協働で創っていく必要があること。
3) その集積・仕組み・プロセス化を実現していく作業において、ただ闇雲にではなく、「木を見て森も見る」ことを中心に、システム・デザイン・マネジメント思考や、継続的学習・評価・一貫性といったキーワードを芯に据えながら、そうした仕組みやプロセスの「デザイン」からこだわり、それを行動に結び付けていくこと。

そしてもう1つ余談として付け加えると、こうした「協働知創造のレジリエンス」を実現していくための前提として、協働知を創るための環境も大切になります。協働知は、机に向かっていれば、あるいは何かマニュアルどおりにつくれば何か生まれるというものではありません。そうした状況では「気づき」を得ることも、あらゆる枠を超えることも、現在から将来を見通すことも難しいでしょう。協働知を創っていくためには、まず人と人が向き合う環境、そこから異質な知や経験をむき出しにして、そこから化学反応を起こす、それくらいの気持ちでできる「スペース」が重要になります。毎朝人混みに飲まれて通勤電車に乗って、夜遅くまで働き続けていては、協働知は生まれにくいかもしれません。また事務机を囲んで、どこにでもあるお茶のボトルを飲むといった単調で退屈な雰囲気では、あるいはただ高いホテルのラウンジで緊張したままでは、なかなか協働知は生まれにくいかもしれません。

私は米国ワシントンD.C.で長年多感な時を過ごしましたが、そこで思いっきり吸収したことは、多様な人が関わる複雑な社会の問題について議論するときの場づくりでした。学生から政府の高官まで一緒になって様々な知をもってみんなで創るという雰囲気、そのためのスペースづくりを大いに学びました。もちろん喧々諤々という時もありますし、いつも和気藹々ではありませんが、少なくとも、

誰にでもオープンで、建設的に討議して、そこで何か知の化学反応を起こして、次に繋ぐ政策を協働でつくろうという「スペース」がありました。

　また数年前一時研究でスウェーデンに滞在したときに印象的だったことは、街の「スペース」を創り出しているアートとカフェでした。まちのあちらこちらに散らばるカフェは、普段着の人々が集まって、語り合い、時に社会について議論をする場所になっていました。それぞれのカフェには、必ずといっていいほどアートがあり、見事に非日常的空間を創りだしていました。また、毎日通勤で使う地下鉄の駅の天井には色々なアーティストによるアートが目いっぱい広がっていました。知り合いによると、スウェーデンでは公共工事をする時、必ず公共事業費用の何パーセントかは、環境デザインに費やす仕組みになっていて、公共の場にアートや照明をアーティストに依頼することと決められているそうです。特別なミーティングの場を設けなくても、こうして日々人々が行き交う場所に、人や環境や社会やその未来について異なる者同士がコミュニケーションを図り、考える「スペース」がありました。

　近年日本にも、普段とは少し違った趣のスペースをビルの一角に創ったり、京都などでは廃校になった校舎や町屋をリノベーションしたりして、「スペース」にこだわった場所が多く生まれています。そこで若者を中心にいろんな勉強会が行われたり、ワークショップが実施されたりしています。これは10年ほどまでは見られない傾向でした。まだまだこうした場所は会議をする場所としてメジャーではありませんが、こうした傾向がますます増え、学者も役人も市民も一緒になって、あらゆる枠を超えてお互いの知や経験を俯瞰しながら議論できる機会が増えることを願います。私も、2年ほど前に米国から戻ってきて、そうしたこだわりの「スペース」で政策議論をする場を設けたいと、東京や京都で場所を探し回り、最近ようやく辿り着いた創造的な空間（この本の絵と写真を担当して下さっている山口和也さんが主宰するオルタナティヴ・スペー

ス"trace")で政策ワークショップを開催するようになりました。なかなか好評で参加された方の中にはこんなに刺激を受けたワークショップには参加したことがないとコメントをくださる方もいます。

　余談が長くなりましたが、協働知を創るための「スペース」は、余談というより、レジリエンスをコミュニティや社会で育て、強化し、築いていく上では欠かせない素地になるものといえるかもしれません。

　ここで実践的な視点から、協働知創造レジリエンスを組み入れた（英語でいう"built-in"）問題解決志向のプログラムを創ると仮定してみます。あるいはプログラムを再構築して協働知創造レジリエンスを組み入れると考えても良いでしょう。「どのように（How to）」の視点から、これまでの章、特に1章の「森と木の視点マトリックス」を踏まえて、実践的にプログラム・デザインに関わる10のステップとして示しておきたいと思います。大小問わず、コミュニティや政府・民間組織を含めて、あらゆる規模の組織でのプログラム創りに適用すること、また状況に応じてその適用方法も柔軟に調整できることを想定しています。

● 協働知創造レジリエンスを組み入れたプログラム・デザイン10のステップ

ステップ1：ターゲットを設定する
　「何を目的とした、何に対するレジリエンス」を目指すかを決める。

ステップ2：木と森を明確化する
　プログラム全体の主だった木（システム）、木を支える様々な部位（サブシステム）、そうした木を集合させた全体としての森、そのプログラムに直接関係の深い他のプログラムの中の木（システム）を明確にする。

ステップ3：日常のコミュニケーション、機能 / プロセスを確認・構築する

- 日常的に、1) 木、2) 木の部位、3) 木と木との間、4) 木を集合させた全体（森）において、それに関わる人と人の相互のコミュニケーションが十分できる仕組みになっているか？
- 上記1)、2)、3)、4) の中核に立ってそれぞれの機能を調整する役割は備わっているか？
- 緊急時に迅速またはタイムリーな対応ができる体制およびプロセスは1)、2)、3)、4) の中で共通に認識され、定期的に見直され、更新されているか？
- 過去の失敗やアクシデントから得た教訓が、木と森の機能およびプロセスに活かされているか？
- 短・中・長期的な視点を考慮したアプローチが備わっているか？

ステップ4：多様な関係者の参画を可能にする仕組み、プロセスを確認・構築する

- 専門、組織、年代、ジェンダーなどの既存の枠を超えて、あらゆる立場の関係者が主体的に参画できる仕組み、プロセスができているか？　その仕組みは定期的に見直され、更新されているか？

ステップ5：俯瞰的アプローチのための仕組み、プロセスを確認・構築する

- プログラムに関わる多様な関係者の異なる見方、知識を俯瞰的に精査し、システム、サブシステムの機能や関係性を見直し、更新する仕組み、プロセスは存在するか？
- プログラムに関わる多様なリスクを俯瞰的に精査し、異なるプログラムの関係者や機能に与える影響を検討する仕組み、

プロセスは存在するか？ それに基づいてシステムやサブシステムの機能や関係性を見直し、更新する仕組み、プロセスは存在するか？

ステップ6：資源と意思決定に関わる繋がりと連携に関わる仕組み、プロセスを確認・構築する

- 異なる資源（資金・予算、人材、技術、情報、知識など）を繋げる仕組み、プロセスは存在するか？
- それぞれの資源と意思決定を連携させるための仕組み、プロセスは存在するか？
- その仕組み、プロセスは、プログラムに関わる関係者全員に周知されているか？
- 緊急時にもその仕組み、プロセスが機能するように、日頃から使いこなされているか？

ステップ7：分析・評価の仕組み、プロセスを確認・構築する

- 多様な情報や知識を多角的に検証して、そのプログラムの戦略、機能、計画に沿って「分析」され、「評価」される仕組みはあるか？「評価」に基づき戦略、機能、計画が更新される仕組みが備わっているか？
- その分析や評価の中で、木や森の周囲の様々な「変化」は考慮されているか？
- 多様なプログラム関係者にそのプロセスが見えるように可視化されているか？

ステップ8：「協働知創出システム」を確認・構築する

- 様々なデータ・情報・知識・教訓・経験を、「分析」と「評価」に基づいて体系的に集約し、行動に繋げるシステム（協働知創出システム、詳細以下2節参照）は備わっているか？
- そこで生み出された協働知はアクションに繋がっているか？

ステップ9：学習・評価・更新・適応・イノベーションの仕組み、プロセスを確認・構築する

- 日常的に学習し、評価し、システム、サブシステムの機能やプロセスを見直し、それを踏まえて更新し、状況に応じて適応、イノベーションに繋げる仕組み、そのためのプロセスは備わっているか？

ステップ10：他のシステムとの連携のための仕組み、プロセスを確認・構築する

- ステップ1～9のプロセスにおいて、プログラムの中のシステムのみならず、関連性の深いプログラムのシステムとの連携を図るための仕組み、プロセスは存在するか？　機能しているか？　定期的に見直され、更新されているか？

　こうしたステップを通して実際にプログラムをデザインする上で次節のプログラム・デザインツールについても理解を深めておく必要があります。

2.プログラム・デザインツール

　ここではプログラム・デザインのステップの中でも、その成否を左右する部分の詳細、またはその重要なツールになるものを3つ掲げます。1章の「森と木の視点マトリックス」で述べたことも含めてあらためてプログラム・ツールとして可視化し、集約して提示するものです。

● 資源と意思決定の連携

　前節ステップ6に関連して、多くのプログラムにおいてせっかくの資源があっても、有効に使われていないケースが散見されます。ここでの「有効に使われていない」とは、資金・予算、人材、技術、情報、知識ともにすべて揃っているにもかかわらず、それぞれの資源が繋がっていない、またそうした資源と意思決定の連携が取れていない、そのためにせっかくの資源の効果が発揮されていないことを指します。

　つまり、言いかえれば資源が「点」のままで線になっていない状態を指しています。防災対策一つとっても、こうしたケースは存在し、当たり前のことのように見えても、これが問題の根源になり、それが引き金になっていざというときにシステムが機能しないために、対応の遅れや犠牲に繋がることがよくあります（詳細な事例は7章で）。

　一方、5章で紹介したニューヨークのカナーシーのケースは、こうした資源を集約させ、その資源と意思決定を連携させる仕組

資源と意思決定の連携

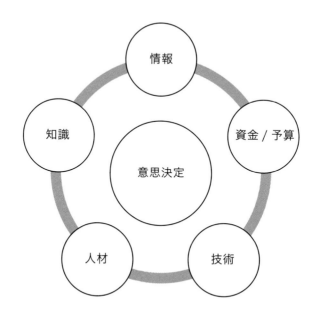

みをつくって、コミュニティ主体でこうした課題を克服する道筋をつけるための実践的なプログラム例と考えられます。

　ここではこうした資源を繋ぐこと、また資源と意志決定を繋ぐ重要性を描いたものが上記の図（「資源と意思決定の連携」）です。資金の使い方を考える側とプログラムの実施する側を切り離すのではなく、企画・実施する人や組織がある程度その使い方を考え、ニーズのあるところに資金を投入できるような仕組みが大切になります。つまり、現場と資金の使い道を決める側がかい離していないこと、また技術や情報や知識もできる限り集約させて（線にして）、調整機能を通してニーズのあるところでそれらを駆使できるような仕組みを創ることは、ダイナミックな環境変化に晒される現代リスク社会において特に重要です。

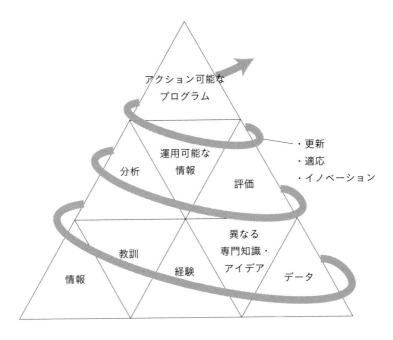

(清水、2010、2014)

● 協働知創出システム

　次に示すのがこれまでに述べてきた「協働知創出システム」の詳細図（「協働知創出システム」参照）です。これは1章の「マトリックス」B.プロセスの5に相当し、また本章1節のそれぞれがステップ7、8、9に関わります。これは、資源と同様に、せっかくのデータ、情報、教訓、経験、専門知・アイデアはあっても、それらがバラバラになり体系的に集約されていない、それぞれが繋がっていないために運用可能な情報になっていない、そのためアクションに繋がるようなプログラムや政策になっていない、といった負のサイクルを回避するためのものです。特にばらばらなデータ、

情報、教訓、経験、専門知・アイデアは、「分析」と「評価」というプロセスを踏まえてこそ、集約化され、体系化され、運用可能な情報、アクション可能なプログラムに繋がります。またこうした協働知創出システムが機能することによって、そのプロセスの中で更新、適応、イノベーションという側面も生まれていきます。

● トリプル・ラーニング・ループ

次の図「トリプル・ラーニング・ループ」（右記参照）は1章「森と木の視点マトリックス」D. スケール5. の「過去の決まりきったルートに依存するのではなく、例外に気づき見直しをかけるアプローチ」に関わります。「トリプル・ラーニング・ループ」という考え方は、従来通りの項目についてチェックして評価するやり方を超えるアプローチで、状況変化に応じて従来のループから抜け出し、その評価、プロセス・方法を何度も学習しながら描き直し、他のプロセス・方法を通って評価し直していくことを基本にしています。特に、その「従来のループを抜け出す」という作業は、図中の「思考プロセスや様々なアクター、システムの関係性を再評価」することに関わり、そこから、プログラム自体のあり方やそれに関わる意志決定方法やルールの再考に繋がっていきます。

日本で「評価」といえばPlan、Do、Check、Action（計画→実行→チェック→行動、PDCA）という考え方が浸透していますが、私達の周りの環境や状況が常に変化することを踏まえると、ただ予め定められた項目をチェックするだけでは、不十分である可能性があります。2章で述べた現代リスク社会の特徴を考えるとなおさらといえるでしょう。こうした変化を踏まえた評価の方法として「トリプル・ラーニング・ループ」は有効と考えられます。

トリプル・ラーニング・ループ

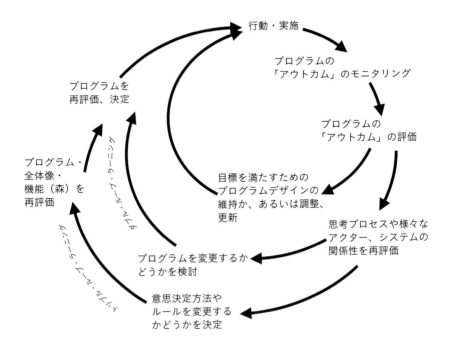

(Folke C. Dhpin F., Olsson P., 2009 を基に清水改訂)

※図の中にある「アウトカム（Outcome）」は評価に使われる専門用語。平易にいうと「プログラムを実施したときのインパクトや周囲の変化を含む成果全体」を指す。これに対し「アウトプット（Output）」は、例えば資金や人材のといった資源のインプット（Input）に対する直接の結果（例えば、〇〇円投資した結果 XX が建設されたなど）を指す。

3.現代リスク社会に焦点を当てて

　ここまででは一般的な視点から、協働知創造レジリエンスのプログラム・デザインに焦点を当てましたが、本節ではそれを応用して現代リスク社会、特に災害マネジメントと公共政策の側面に当てはめます。2章で述べた現代リスク社会を背景に、災害マネジメントと公共政策に関わるプログラムにどのようにレジリエンスを組み入れていくかについて、そのプログラム・デザインのポイントを示しておきたいと思います。ここで示すポイントは、上記で述べたプログラム・デザインのステップに加味するものとしての位置づけです。特別なことではなく、これまで通して見てきたことを「災害マネジメントと公共政策」のコンテキストに当てはめたものと理解していただければと思います。というのも何度か示唆しているように、ダイナミックな環境変化に晒される現代リスク社会にどのようにレジリエンスを築いていくかというと、かなり特別なことに聞こえるかもしれませんが、日々の我々の社会の問題への取り組み方の積み重ねが非日常時の行動に繋がるからです。

● プログラム・デザインのイメージ

　実際のところ、現状では災害マネジメントの関係者の間でも「災害マネジメントプログラムにレジリエンスを組み入れる」という考え方は未だ主流にはなっていません。これまでに述べているように、レジリエンスという概念が先行しすぎて行動がそれに伴わず、その反省から「アイデアをアクションに」という動きの緒は近年ついた

ばかりだからです。しかし、OECD（経済協力開発機構、ヨーロッパ諸国を中心に日・米を含め34か国の先進国が加盟する国際機関）はその観点にいち早く目をつけて、Risk and Resilience:From Good Idea to Good Practice（2013）の研究報告書を発表し、その中で災害マネジメントプログラムにどのようにレジリエンスを組み入れるかに焦点を当て、分かりやすいプログラム・デザインのイメージ図を描いています（次のページ「プログラム・デザインのイメージ」図参照）。このイメージ図も、本書で述べてきたことの多くがポイントになっています。特に、以下の重要性がこの図から汲み取れます。

1) 様々な変化に合わせてプログラムを常に更新できるような仕組みを創ること。
2) リスクを個別だけではなく俯瞰的に全体像も見ること（「木を見て森も見る」）。
3) リスクに伴う変化、不確実性を考慮に入れて、レジリエンスの在り方を常に見直すこと。
4) 上記に関わるサイクルをプログラムの計画に組み入れていくこと。

こうしたイメージが国や地方自治体や、様々な関連組織の様々な災害マネジメントのプログラムに「レジリエンスを組み入れる」上でのスタートラインとなります。

これを踏まえた上で、ここで「災害マネジメントと公共政策」の視点から、関連のプログラムにレジリエンスを組み入れる上での基軸を以下2つ示しておきたいと思います。

● 基軸1:災害マネジメントにおける「木を見て森も見る」

1章で「木を見て森も見る」考え方に適用したシステムズ・ア

プログラム・デザインのイメージ図

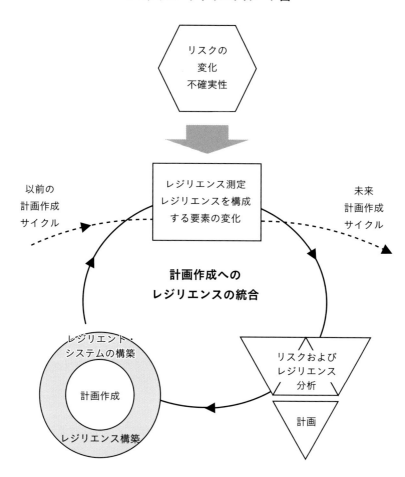

(OECD、2013)

プローチの軸となる考え方を、災害マネジメントと公共政策に当てはめると、次のようになります。なお、ここで何をシステム全体（いわゆる「システムズ」、個々システムの集合体、森）、システム（木）、サブシステム（その木の各部位）と位置付けるかは、国、地方自治体、あるいは個別の組織、どれを対象にするかによって異なってきます。状況に応じて、それぞれスケールアップ、スケールダウンして調整して当てはめることを想定しています。

- 災害マネジメントシステム全体（「システムズ」、森）（例：国レベルでは国の災害対応システム全体、地方自治体レベルでは、その自治体の災害対応システム全体）の中の、各災害マネジメントシステム（木）（例：災害対策のために準備されている早期警戒システム、避難システム）や、サブシステム（木の部位）は、それぞれ独立して機能する必要がある一方で、災害マネジメントシステム全体を動かすための中央調整機能が不可欠である。
- 災害マネジメントシステム全体において、システム、サブシステムの各機能、その機能を取り巻く環境の変化、各機能の境界分野を分析する必要がある。
- 災害マネジメントシステム全体において、各システム、サブシステムを有機的に繋げ、体系化させる必要性がある。
- 災害マネジメントシステム全体、システム、サブシステムすべてにおいて、正しく機能させるために、継続的な評価が必要不可欠である。

この中でも、最も根幹となるポイントとして、1)「システムズ」全体を調整する機能を通してこそ、森全体が機能できるという点、2) そのためには継続的な評価が必要不可欠であるという点が挙げられます。これが災害マネジメント分野におけるいわゆる「木を見て森を見る」の基本となります。

災害マネジメントにおける主な繋がり(リンケージ)・時間的視点

繋がり・時間的視点	重要素
1. 時間フレーム	● 迅速あるいはタイムリーな対応 ● 災害前(事前)の準備を重視し、災害後(事後)対応に活かすアプローチ ● 短・中・長期的のすべての局面を考慮したアプローチ
2. 資金・人・組織・情報・専門	● 資金・人(マルチステークホルダー)・組織・情報・異なる専門知が目的に沿って繋がり、いざというときに連携して機能する仕組み。 ● 以下それぞれのレベルで考慮要。 　・1組織「内」 　・同セクターにおける異なる組織「間」 　・異なるセクター「間」(政府・企業、政府・NGO、政府・市民社会)
3. リスク	● 異なるリスクの連鎖、あるいはその共通点を考慮に入れた俯瞰的アプローチ ● リスクが異なるセクター、および政策に与える影響を考慮に入れた俯瞰的アプローチ ● 社会基盤となる重要インフラの相互依存性を考慮に入れた俯瞰的アプローチ ● 異なる世代、ジェンダー、経済格差を考慮に入れた俯瞰的アプローチ ● 自然、社会環境の変化を考慮に入れたアプローチ

(清水 2012 を更新)

● 基軸2:災害マネジメントにおける主な繋がり(リンケージ)・時間／プロセス・スケール

　1章の「森と木の視点マトリックス」の中で、繋がり(リンケージ)、時間、プロセス、スケールという4つの角度に焦点を当てたように、ここではそれを災害マネジメントのコンテキストに当てはめて、より具体的にどのような視点が関わるのか、それぞれの視点に関わる重要素は何かを示しています。ここでは「繋がり(リンケージ)・時間的視点」と、「プロセス・スケールの側面」の2つの側面にまとめて上の2つの表に示しています。

災害マネジメントにおける主なプロセス・スケールの視点

プロセス・スケールの視点	重要素
1. 意思形成・決定(あるいは政策形成・決定)過程	● 情報、分析、評価、可視化、更新までの一貫したプロセスの遂行(情報の集約後の評価、アセスメント・評価の実施、アセスメント・評価を運用に繋げることの重要性) ● 異なる組織、セクター、政策分野の意思形成・決定(あるいは政策形成・決定)の連携(情報集約から実際のアクションまでの綿密なプロセスづくりの重要性)
2. 包括的リスクマネジメントプロセス	● 異なるリスクの包括的評価、分析、是正、更新までの一貫したプロセスの遂行(実務者、政府関係者、市民間の綿密な調整プロセスの重要性)
3. 協働知創出システム	● 集約統合的アプローチ(情報、知識、教訓、経験の統合による協働知識創出) ● 緊急時に即座に行動可能な戦略、計画、あるいは政策に統合

(清水 2012 を更新)

　重要素の1つ1つは基本的なことに見えるかもしれませんが、ここでのポイントもまた、「木を見て森も見る」です。いざという時の行動が機能するためには、専門枠、組織枠を超え、多様なステークホルダーの関与の仕組みを通して、情報、教訓、経験などを分析・評価を踏まえて体系化し、多くの関係者に目に見えるように可視化し、実際の計画、戦略、政策に具体的に組み入れて、システム化しながら、それぞれのシステムの木を見て、かつ「システムズ」の集合としての全体(森)も見ていくことが重要になります。

　特に、繰り返し起きる災害、さらに現代リスク社会におけるダイナミックな環境変化、今後ますます複合的に連鎖し続ける自然、社会経済リスク、それに伴う極めて複雑な影響、不確実性を考慮すれば、上記プロセス・スケールの視点3の協働知創出システムがますます重要性を帯びることになります。

7章　東日本大震災の教訓から

1.「災害マネジメントと公共政策」と
　　レジリエンス

　本章では、1章の「森と木の視点マトリックス」や6章の基軸を中心に参照しながら、東日本大震災への対応が、特に「災害マネジメントと公共政策」の観点からどのように「レジリエンス」に関わっているか、またそこからどのような教訓が引き出せるのか、さらにその教訓がこれからの現代リスク社会の対応にどのように活かせるのかを見ていきたいと思います。より具体的には、次のような問いを中心に見ます。

- 「木を見て森も見る」は実践されただろうか？
- 日常と非常時は繋がっていただろうか？
- 中核調整機能は果たされていただろうか？
- システムとシステムは繋がっていただろうか？
- 情報や技術はいざというときの行動に繋がっただろうか？
- 科学知と政策知は繋がっていただろうか？
- 資源の運用上の連携はとれていただろうか？
- 学習×評価×一貫性は実践されているだろうか？

●「災害マネジメントと公共政策」

　ここであらためて、本題にはいる前に、読者の方の中には災害マネジメントや公共政策といってもよく分からない、なぜ「災害マネジメントと公共政策」の観点なの？と思われる方もいらっしゃる

かもしれないので、簡潔にそのことについてお話しておきます。こうした用語がよく分からなくても、全く不思議なことではありません。特に公共政策という言葉1つとっても、学者の方の間でも色々と誤解があったり、よく理解されていなかったりすることが多いからです。2年前に日本に戻ってきてはじめてご挨拶する方に、公共政策が専門ですというと、「それってなんですか？」と聞かれることも度々ありました。また、公共政策というと、政府の〇〇政策のこと（政府政策）と、狭い意味で取られることが専門家の間でもあります。このテーマだけでも盛り上がりそうですが、ここではあくまでも「レジリエンス」との関係に焦点を当てたいので、端的にポイントだけを記します（特別なことではなく、これまで述べてきたことに大いに関わります）。

まず「災害マネジメント」は、災害直後の緊急対応（Emergency Management）だけでなく、災害防止・予防、災害の軽減（減災）、災害準備、災害復旧、災害復興、リスクマネジメントといった、災害に関わるあらゆるプロセスの対応・行動を包括的に含みます。

「公共政策」は、個別の政府の政策（環境政策、経済政策……）や特定領域の政府行動（例えば、規制や法の作成、予算作成）だけでなく、意思決定、政策形成過程、政策決定過程、政策分析、政策評価（この2つについては8章で詳細に述べます）、さらに政府と市民、または政府と民間組織の関係、市民や民間組織の政策への関わり方を含みます。

もっといえば、公共政策は、政府、民間、市民などの多様なアクターが相互にコミュニケーションを図りながら複雑なプロセスの中でダイナミックに動く大きなシステム（森、その中に無数の木が存在します）といえます。その中であらゆる問題の発見から、政策分析、評価を経て、政策実施、政策更新が絶えず行われます。お気づきかもしれませんが、公共政策は、既に本書を通して述べているような社会の問題解決に関わるプロセスや繋がり、仕組み

全般に関わります。

　なぜ「災害マネジメントと公共政策」の観点からのレジリエンスなのでしょうか？　災害マネジメント、公共政策どちらの側面から見ても、本来は市民から民間組織、様々な分野の専門家を含めてマルチステークホルダーが広く関わり、プロセス重視のアプローチが求められます。実際には、現状ではまだまだ「点」のアプローチが主流で、災害マネジメントでも、公共政策でも、専門分野別、主体別で扱われることが多いのが現状です。今まではそれでも対応できたかもしれませんが、2章3節「現代リスク社会とレジリエンス」で述べたようなダイナミックな環境の変化を踏まえれば、こうした「点」のアプローチは、その変化の現実に対応しきれるものではありません。

　そういう意味で、こうした変化において、これまでの災害マネジメントと公共政策の在り方を、「木」と「森」の両方の視点から見直して、より良いアプローチを考えることが求められます。このため、ここでは、「レジリエンス」から引き出される視点を基点にして、公共政策における災害マネジメントの在り方を見直し、より良く現代リスク社会に向き合うための災害マネジメント、公共政策のアプローチを考えます。より踏み込めば、公共政策、災害マネジメントの実践の中に見られる「隙間」を見つけて、それをレジリエンスから引き出されるアプローチを通して隙間を小さくする方法を考えたいと思います。何度も述べていますがこれまでの取り組みはもちろん貴重ですが、ただこれだけでは対応しきれない状況であるということ、対応するにはレジリエンスを組み入れていかなければならないということがポイントになります。

　総じて、「現代リスク社会」と「東日本大震災」の特徴（2章掲載）に沿って、そこに求められる「災害マネジメントと公共政策」に関わる仕組み（6章掲載）、それと「レジリエンス」との関係（1章掲載）を、集積して関連づけてまとめたものが表（「災害マネジメントと公共政策」とレジリエンスの関係）になります。

「災害マネジメントと公共政策」とレジリエンスの関係

現代リスク社会の特徴	東日本大震災の特徴	「災害マネジメントと公共政策」に求められるアプローチ、仕組み	「レジリエンス」のアプローチによる貢献
● 様々なリスク要因が極めて複雑に連鎖（リスクの繋がり）	● 地震、津波、原子力災害が同時に発生 ● 震災前から進んでいた高齢化や地方の過疎化の問題は、災害直後の対応、復興対応の問題をより深刻に	● 災害時にアクションに結び付けられるように、日頃から分野横断的、組織横断的なアプローチを積み重ねることを可能にする仕組み。 ● 情報、分析、評価、可視化、政策更新までの一貫したプロセス	● 異なる点を線で結ぶアプローチ ● 異なるシステム（木）とシステム（木）を繋げるアプローチ ● 中核調整機能 ● 「木を見て森も見る」アプローチ ● その他、「災害マネジメントと公共政策」に求められるアプローチ、仕組み」を実現するための方法として、1章の「レジリエンス組み立てのための森と木の視点マトリックス」に示したアプローチ
● リスクの影響が直接・間接的に及ぶ範囲は広くなる傾向（スケール） ● リスクに絡む問題や「影響」が次々に連鎖（影響の繋がり）	● 甚大な人的物理的被害のみならず、社会経済に大きく影響。その影響分野は、エネルギー・公衆衛生（特に放射能汚染）・農業・漁業・生産業・雇用・貿易・国際関係にまで及ぶ。	● 中央政府、地方政府、コミュニティの間で、資金・人（マルチステークホルダー）・情報・技術を含む資源を連携 ● 異なる組織・専門知を連携する仕組み ● 異なるリスクの連鎖、セクターインフラ、政策への影響、社会経済的脆弱性を考慮に入れた俯瞰的アプローチ	
● リスクの影響は、短・中・長期的に及ぶ傾向（時間）	● 災害の影響は直後のみならず「避難生活」、「震災関連死」、「防潮堤計画」、「放射能の除染問題」を含めて今も、今後も続く。	● 包括的評価、分析、是正、更新までの一貫したプロセスを取るアプローチ ● 自然、社会環境の変化を考慮に入れたアプローチ	
● 予測困難、不確実性	● 地震、津波、それに伴う原子力災害について、その規模、範囲、影響ともに、専門家も想定できず。原子力事故による放射能による影響も大きな不確実性を孕む。	● 様々な影響や問題の変化に応じて、政策分析、検証、政策評価を行い、それを踏まえて政策更新することを可能にする仕組み ● 情報、データ、知識を有機的に体系化し、政策知に繋げることを可能にする仕組み（6章のプログラムデザインツールに示した「協働知創出システム」に関連）	

この表を踏まえて全体的な構造（「森」）の視点から、現代リスク社会におけるダイナミックな環境変化において、「災害マネジメントと公共政策」になぜレジリエンスの視点、アプローチが必要かをこれまで述べたことを踏まえて次の3点に集約することができます。

● **複雑で大規模な災害においてはコミュニティのレジリエンス力だけでは対応できない。**
　ほとんどすべての災害は地域で発生することから、レジリエンスを地域あるいはコミュニティの問題である（コミュニティレジリエンス）と捉える見方が多くありますが、東日本大震災のような複雑で大規模な災害のケースでは、地域による災害対応能力だけでは対応しきれないことを強く認識することが重要です。こうした複雑で大規模な災害においては、コミュニティの外の資源の迅速で効率的な投入が欠かせず、そのためには中央の調整機能が機能することが必要であり、その点からコミュニティの外のシステムのレジリエンスが求められます。
　実際、東日本大震災では、少なくとも14の市町村の役所の建物自体が津波で流されるか、業務ができない被害を受け、市町村による災害対応だけで対応しきれる性質のものではありませんでした。例えば、宮城県の南三陸町は、行政再開に際して物理的に役所を移転することを強いられ、また岩手県大槌町では町役場が津波に流され、市長もその津波で亡くなりました。こうした大規模災害の対応および復興においては、被害地外からのリソースがどれだけ迅速で効率よく適用されるかが鍵を握り、コミュニティの外のレジリエンスが問われます。

● **資源が限られているからこそ、不透明で複雑で多様なリスクに対する日常的な分野横断的アプローチが鍵を握る。**
　災害リスクや影響が連鎖し、状況がより複雑になるにつれ、予

測困難性や不確実性はより高まり、従来の災害マネジメントおよび公共政策方法だけでは、こうした性質をもつ問題に対応しきれなくなります。我々の対応資源（人的、財政的を含めて）は限られているため、日常的に、様々な資源を繋げて有効に活用するための仕組みを構築し、分野横断的に知識とステークホルダーを効果的に連携させることが不可欠です。これこそが不透明で複雑で多様なリスクに対応するための鍵を握ります。

- **現代リスク社会において災害マネジメントと公共政策の政策形成過程の構造的な見直しが求められる。**

　現代リスク社会の中のダイナミックな環境変化は災害マネジメントと公共政策の構造の見直しを迫るものです。従来のようにシステムや情報や人材などの資源があっても、それが繋がって日常的に機能していなければいざというときに機能しない恐れがあります。また分野横断的なアプローチや組織連携など急に実行できるものではありません。こうした状況においては、災害マネジメントと公共政策においてその政策形成過程全体を構造的に見直すことが求められます。

2.レジリエンスの視点から見た隙間

　ここでは東日本大震災に関わる国の動きや仕組みを見ながら、その中に災害マネジメントと公共政策に関わるレジリエンスはどこにあるか、どこに隙間があるのかを1節冒頭で示した問いに沿って見ていきます。

● 「木を見て森も見る」は実践されただろうか？

　日本は、国の災害マネジメントシステム全体を「森」と見立てた場合、「木」に相当する部分に力を入れてきました。早期警戒情報システム、耐震技術、公共建築物の耐震化、防災関連施設の整備、防災投資など、どれをとっても十分ではなくても、世界の中でも最も進んでいる国の1つと考えられます。しかし、総じて東日本大震災では、それぞれのぞれぞれのシステム（「木」）とシステム（「木」）の連携が取れていない、せっかくの情報がうまく政策に結びついていない、せっかくの資源がうまく結びついていない、その異なるシステムを繋ぎあわせる調整機能がうまく働いていないという場面が多く見受けられました。このように、東日本大震災後に見られたあらゆる主な問題の多くの根源を辿っていくと、「木を見て森も見る」視点または「システムズ」（システムとシステムの連携）アプローチに「隙間」があることに気づかされます。具体的な例は以下に示す様々な例から見出すことができます。

🔴 日常と非常時は繋がっていただろうか？
　中核の調整機能は果たされていただろうか？

　日本には、1章で紹介した米国にあるFEMAのような、様々な災害マネジメントに関わるシステムを調整するために日常的に機能している調整機関が存在しません。国の緊急事態の際に、内閣総理大臣を頭に据えて緊急事態本部が設置されて、1) 防災担当大臣、2) 内閣府（防災担当）の政策統括官（防災担当）、3) 内閣官房の安全保障・危機管理担当などが、情報収集し、内閣総理大臣に報告し、対応を協議するというのが、日本の対応の基本体制です。この中では、どの組織の誰がどのように中央で調整を行い、どのように意思決定を行うかを含めて、災害マネジメントの全体システムが明確になっていません。

　実際、東日本大震災の対応において首相官邸は震災対応中に、原子力災害対策本部、政府・東京電力統合対策室、原発事故経済被害対応チーム、原子力被災者生活支援チーム、緊急災害対策本部、被災者生活支援チーム、復興対策本部、復興構想会議、官邸緊急参集チーム、各府省連絡会議など、20以上もの新しい担当組織を設置しました。その結果、このような災害対応の最中にアドホックな組織をいくつも設置することによって、国民だけでなく、実務担当者をも混乱させることになりました。こうした状況では組織の調整機能も明確でないため、災害対応の最中に「木を見て森も見る」ことは極めて困難になります。

　1章で、FEMAの事例を挙げた際、「たとえ大きな組織であっても、日常的な人と人の信頼関係が非日常時の対応の鍵を握ること、組織が大きいからこそ、それを意識的に行うことが重要であること」、「これに加えて非常事態のときに異なる人々の間の調整やコミュニケーションが最短ですむように、日常から仕組みを創っておくこと」が大切と述べました。こうした日常時からの人と人の信頼関係の醸成、非常事態時に備えた仕組みの構築は、東日本大震災から

浮き彫りになった実態を踏まえると、決して軽視できるものではありません。

● システムとシステムは繋がっていただろうか？
情報や技術はいざというときの行動に繋がっただろうか？

東日本大震災直後の対応を通して目立った点の1つとして、中央政府と地方やコミュニティとの間の情報の伝達が適切に行われなかったことが挙げられます。読者の皆さんの多くは、福島県南相馬市の桜井勝信市長が、福島第一原子力発電所の事故のために、住民の外出が極めて制限され、食料・飲料・医療物資や車のガソリンも不足し、孤立状態が続く中で、震災後数週間経過してもなお、中央政府から何ら連絡も情報も得ておらず、テレビやラジオを通じた情報に頼らざるを得ない状況が続いていることをYouTubeを通して訴えた様子を記憶されているのではないでしょうか。これは、情報があっても繋がっていないと意味がない、アクションに結び付かない典型的な例と考えられます。この他にも貴重な情報をファックスで送ったけれども、その他の情報に紛れて相手に届いていなかった、そんな例も数多く聞かれました。以下では、システムとシステム、また情報や技術がいざというときに行動に繋がらなかった2つの顕著な例を示します。

● SPEEDIの例

システムとシステムの繋がりや情報の繋がりに加え、技術と意思決定の繋がりにも関わる重要な例として、福島第一原子力発電所の事故によってもたらされた放射能に関する情報の取り扱いの問題があります。いわゆる、放射性物質の拡散を予測するシステムである緊急時迅速放射能影響予測ネットワークシステム（SPEEDI）からの情報伝達の問題です。日本で1980年代から開発され、開発・運用に総額約120億円の投資がなされ、日本

の知の結集として開発されてきたSPEEDIがあったにもかかわらず、そこから生成されたデータ、情報は適切に中央政府内で伝達されず、そのため地方政府・自治体に伝達されませんでした。事後、官邸中枢が原発を中心に同心円状に描いて決めた避難区域に避難した一部の住民たちは、SPEEDIによって放射線量の多いと予測されていた地域にそれを知らずに避難していたことが明らかになりました。

　問題の直接の原因は、SPEEDIのデータ・情報伝達方法について、正式な報告ルート、データの性質やデータの運用方法について、関係者全員に周知されていなかったことにありました。事後の公聴会の場でも、SPEEDIに関わった関係者はお互いを牽制しあう結果になり、次のような状況が見られ、その混乱ぶりが伺えます。

　例えば、原子力安全・保安院の緊急時対応センターは、首相から結論が下りてきたとする一方、当時の首相の菅直人氏は、避難区域を決めた際、官邸中枢に保安院長がいたのに何の報告も受けなかったと説明しました。さらに、内閣府にある原子力安全委員会事務局のSPEEDI端末に、文部科学省が1時間ごとに出す予測が届いていたことから、同事務局は、同じ予測図が文部科学省から官邸に送られていると思っていたと発言しています。さらに、SPEEDIのデータの質に関して、SPEEDIからデータが不完全と考えられたから首相官邸に持ち込まれなかったという見解も聞かれました。しかし、データがどこまで正確であり得るのか、リスクはどこに、どの程度あるのかも含めて、事前に政策決定過程の中で、演習などを通して検証されていれば、緊急時に個人の生命に関わるデータ・情報をこのような形で扱われることはなかったのでしょうか？

　この例では、せっかくの「システム」がいざというときに活用できなかった、また「システム」から生成されたデータ、情報がいざというときに行動に結び付けられなかった典型的なケースと考え

られます。より具体的には、1) 災害前（事前）の準備を重視し、災害後（事後）対応に活かすアプローチ、2) SPEEDIという「システム」を災害マネジメント「システム」に繋げる仕組み、3) 技術、情報、知識、異なる関係者を結び付ける仕組み、4) 情報が知識として収束され、アクション可能な政策に結びつけるプロセスに「隙間」があったと見られます。

● ヨウ素剤の例

　安定ヨウ素剤は、国際原子力機関（IAEA）をはじめとする国際的な標準に基づくと、放射性ヨウ素による内部被ばくを防ぐために予防的になるべく早い段階で服用することが求められます。日本では、ヨウ素剤の配布は、原子力災害対策本部長である内閣総理大臣が県に「指導、助言又は指示」して配布されることが規定されています。しかし当時実際には、どのような経路で直接国民にヨウ素剤が届けられるのか、その正式な「プロセス」はシステムとして確立されていませんでした。その結果、政府の原子力現地対策本部は、ヨウ素剤配布の指示は適切に届けられておらず、ヨウ素剤はほとんど住民に配布されない状況に至りました。そのプロセスについて、政府の原子力災害現地対策本部は、県と双葉郡8町村、いわき、田村、南相馬、飯舘の計12市町村宛てに指示を出したとの記録が残っているとする一方、県や市町村は受けてないという見解が示されています。また現地対策本部も当時は極めて混乱しており、自治体にどう伝えたか記憶していないとの見解が見られるなど、そのプロセスは明らかになっていません。

　この例もレジリエンスの視点から見ると、1) 災害前（事前）にプロセスを明確にし、災害後（事後）対応に活かすアプローチ、2) ヨウ素剤という資源を災害マネジメント「システム」に繋げる仕組み、3) 情報、知識、異なる関係者を結び付ける仕組み、4) 情報を知識として収束され、アクションに結びつけるプロセスに「隙間」があったと見ることができます。

● 科学知と政策知は繋がっていただろうか？

　福島第一原子力発電所事故での政府の原子力災害の対応全般を通して見ると、原子力専門家による専門知が政策過程の外に置かれ、事故対応の要を握る極めて重大なタイミングで、科学知（より具体的にいえば分析、評価を経て、実施や経験、あるいは多くの議論を踏まえて体系化された、一連のプロセスを経て生み出される科学コミュニティの集合知。根本は、これまで述べてきた「協働知創出システム」と同じです）と、政策知（こちらも、同様のプロセスを経て生み出される政策コミュニティの集合知）が繋がっていないケースが散見されました。例えば顕著な例として、事故直後当時の原子力災害対策本部長であった菅直人首相は、原子炉のベント（排気、原子炉内の水が失われ、蒸気で内部の圧力が高まったことから、原子炉圧力容器や格納容器が損傷する恐れが高まったために、圧力を下げるために必要になった措置）を含めて、事故対応の重大な政策判断をする際に、原子力を専門としない大学時代の友人や個人的な知人を官邸に呼んで判断を下した、また非常時に自ら現場に駆けつけたという経緯がありました。

　このケースは、個人的なケースと捉えるよりも、日常的に、政策意思決定過程の中で、科学知と政策知が繋がる仕組みになっていない、せっかくの様々な専門家の知識が集約されず、いざというときに政策アクション可能な状態になっていないことを反映するものとして捉えることができます。

● 資源の運用上の連携はとれていただろうか？

　外からの資金を現地のニーズのあるところに投入することは、被災地の復旧、復興をできる限りスムーズに進めること、つまり被災地のシステム（木）と被災地の外のシステム（木）を繋げること

会計検査院の指摘によって明らかになった復興予算と関係が薄いと見られる事業の一部

事　業　名	所轄官庁	予算額（概数）
レアアース鉱山の買収	経済産業省	80億円
低炭素社会を実現する超低電力デバイスプロジェクト	経済産業省	78億円
アジア太平洋・北米地域との青少年交流	外務省	72億円
ASEAN諸国などへの防災機材の供与	外務省	42億円
調査捕鯨の支援	農務省	23億円
原子力規制長の移転費用	環境省	21億円

の必要不可欠な条件です。そのことが資金と人材を繋げる、資金と意思決定を繋げるということ、つまり資金とそれを使う運用を繋げるということに関わってきます。この観点から復興の予算の使われ方を見ると、そこに隙間がある状況が見受けられます。端的な例として、2011年10月25日の会計検査院の参議院への報告と2011年決算検査報告書の指摘から、政府の各省庁が復興予算として予算化した事業の中に、震災復興と関係が薄いとみられる事業プログラムが数多く含まれることが明らかになりました（上記のリスト参照）。

　こうした問題が一般の人に「可視化」されたことによって、世論で議論が巻き起こった結果、2012年11月27日、野田内閣は2011年度および2012年度予算のうち、11府省の35事業168億円分の執行を停止することを決定しました。さらに2013年度以降は被災地の復興と被災者の生活再建のために限る方針が示されました。このように問題の予算は執行停止に繋がったものの、なぜこのような事業に予算化が進められ、会計検査院の指摘があるまで予算化され続けたのか、この答えを見出すには、偶然会計検査院の指摘によって明らかになった一時的な「点」の問題として捉えるよりも、政策形成プロセスの一連の流れ（線）の中で捉える必要があると考えられます（詳細は8章で）。

まずここでいえることは、明らかに被災地とは繋がらない事業の予算化がこの時点まで進められたこのケースは、被災地のレジリエンスに対して、外のシステムが支援するのではなく足枷をつくっている例と見ることができます。システム（木）とシステム（木）が繋がるのではなく、システム（木）がシステム（木）を弱めている状況とも言えます。

少し余談になりますが、このようにお金と運用が繋がらないことによって大災害の対応を遅らせた例は米国が自然災害対応において大失敗に陥った例とも関連しています。少し脱線になりますが、以下このケースの意味をより理解しておくために紹介しておきます。

● ハリケーン・カトリーナの対応事例

2005年8月米国のニューオーリンズを襲ったカトリーナ・ハリケーンでは、死者1100名以上、家屋崩壊21万5000棟以上、失業者22万人以上の米国史上最悪の自然災害がもたらされました。この被害に関する報告書は様々な視点から膨大に存在しますが、共通して言及されることは、重要な情報が適切に意志決定者に伝わっていなかった点、あるいはその情報に基づいた適切な措置がなされていなかった点に集約されます。

こうしたことはなぜ起こったか。その大きな要因として、2001年に起きた同時多発テロ事件直後にテロも自然災害も含めてすべてのセキュリティを統合するために設立された国土安全保障省の中に、そもそも機動的に動けるように独立性が保たれていたFEMAの機能が吸収されてしまったことが挙げられます。特に、1）FEMAに緊急時に必要な予算をすぐ使うための裁量権が奪われ、国土安全保障省内の複雑な報告ラインの中に、その決定プロセスが組み込まれたこと、2）FEMA長官に与えられていた権限が弱まり、重要な情報の報告ラインが国土安全保障省内長官までの長い報告ラインに移行され、情報が迂回し、意思決定が遅れたこ

と。こうしたことが結果的に、FEMA長官が被災地の現場関係者への指揮を執る上で大きな足枷になりました。つまり、緊急対応時に必要な財政と、情報、現場の運用がばらばらになり、緊急事態のマネジメントに多くの混乱が生じる結果になりました。こうしたことに関わる仕組みが、国土安全保障省という巨大な組織の新設によって崩れたことが大きな問題の背景にありました。

その後、カトリーナ・ハリケーンの後様々な検証や評価が行われ、「2006年ポスト・カトリーナ緊急事態マネジメント改革法」(Post-Katrina Emergency Management Reform Act of 2006) が成立し、FEMAの組織機構に関する規定の改正規定と、緊急事態における救援プログラムに関するスタフォード法の改正規定が主に盛り込まれ、ここに（1）FEMA長官の強化、（2）FEMAの権限と責務が明確に記載されることになり問題の一部はここで対処されることになりました。

このように財政と情報と運用を繋ぐことは、単純なことのように見えても、実際にはそこに「隙間」があることが多いと考えられます。こうした例も含めて、こうした側面の「繋ぎ」の意味をしっかりとらえておくことが大切といえます。

● **学習×評価×一貫性は実践されているだろうか?**
   短中長期的な視点は網羅されているだろうか?

この問いに関わるケースに入る前に、その理解の根幹に関わる部分をもう少し説明しておきます。一般的に災害マネジメントに関わる評価には、テクニカルなものも含めると、(1) 災害前に行われるハザード・リスク・脆弱性に関するアセスメント (Hazard/Vulnerability/Risk Assessment)、(2) 災害後に行われる即時ニーズアセスメント、ダメージアセスメント、中期アセスメント (Rapid Needs/Damage/ Mid-Term Assessment)、(3) プ

ログラム評価・政策評価（Program Evaluation/Policy Evaluation）と、大きくわけて3種類の評価があります。ここでは詳細には触れませんが、(1)(2)は、現場における実務的、技術的な評価、(3)は政策過程、行動、政策更新、ひいては政策決定に関わるものです。6章の協働知創出システムに示したように、様々なデータや情報を他の知識や経験とともに、分析・評価を踏まえて運用可能な情報にし、政策に繋げ、さらにより良い政策のための政策更新・決定に結びつけていくには、こうした(1)(2)の一連のアセスメントと、(3)のプログラム評価、政策評価が繋がっていく必要があります（図「アセスメント政策・評価・更新・決定」参照）。

　しかし、実際には全体的に(1)、(2)、(3)は異なる分野で別々に行われ、繋がっている状況は見られません。言い換えると、個々のアセスメントが「点」で行われていて、短・中・長期的な視点を網羅して、「点」を「線」に繋げていこうという動きが見られないのが実情です。

アセスメント政策・評価・更新・決定

プログラム・政策評価の更新・決定　一連のアセスメント　プログラム・政策評価

さらに、上記（3）をもう少し深く見て、政策形成プロセスの観点から基本的なプロセス図に表したものが次にあります。

政策形成プロセスの視点から

　評価の専門的なことは8章の政策システムで述べますが、ここでのポイントは、用語は専門的でも、その底辺にある意味合いは、1章で取り上げた「学習×評価×一貫性」です。公共政策における評価は、こうした図に示すようなプロセスの中の一環として、その政策形成過程の核として位置付けられます。これが「政策評価」に関わります（より詳細、専門的なことは8章で）。この理解を基本にして東日本大震災後の動きを以下見てみましょう。

　東日本大震災後、その壮絶な経験や教訓を、次の災害に備えるために、さらにより良い社会づくりのために活かそうという社会の風潮は強まりました。実際、東日本大震災後、様々なレベルおよび組織で検証や評価が行われてきました。主に東日本大震災について政策評価が行われた機関ソースをリストアップすると次が挙げられます。

- 各省庁または関連委員会
- 中央防災会議
- 東日本復興構想会議／復興推進委員会

- 自治体各機関
- 独立行政法人研究機関
- メディア
- 学術機関
- 政府事故調査委員会
- 国会東京電力福島原子力発電所事故調査委員会（国会事故調）
- 日本再建イニシアティブ「福島プロジェクト」
- 東京電力福島原子力事故調査委員会

　ここでは、政府各省庁や東京電力をはじめとする当事者による検証、評価のみならず、第三者の視点を含めた様々な検証、評価が行われており、震災から教訓を得て、今後に活かそうとする動きそのものは適切なものと考えられます。福島原発事故に関しては、国会事故調では国会独自の（詳細は8章で）、日本再建イニシアティブ「福島プロジェクト」では民間による、原発事故の検証、政策評価が実施されました。

　一方でレジリエンスの視点から見ると、課題は幾つも挙げられます。まず、ほとんどの政策評価は、従来の個別分野別に沿って（津波、地震、エネルギー、通信、医療など）検証や評価を行っているものが多く、分野横断的な政策評価はほとんど見られません。また、従来の縦割り組織の中で独自評価に終始しているケースが散見されます。さらに、こうした評価がより良い政策に、より良い問題解決にどのように繋げられていくのかその道筋が明確にされていないものがほとんどです。その意味で、全体的に短・中・長期的な視点が網羅され、評価が学習と一体となっている、一貫したプロセスが見受けられないのが実情です。より平易な言葉でいうと、評価1つ1つが「点」の状態のままで、なかなか「線」になる動きが見られません。この課題は政策システムと大いに関係があると考えられます。その詳細は8章で述べます。

3. より良い現代リスク社会対応に向けて

　東日本大震災の中で起きた個別の問題や出来事は、個人への非難になったり、ただセンセーショナルなニュースになったりする傾向にありますが、それでは次の災害へのより良い対応に繋がっていきません。こうした個別の問題や出来事もまず点から線の視点で見ていく必要があります。本章で見たように東日本大震災の対応の中で起きた出来事やプロセスを、レジリエンスの「レンズ」を通して見ていくと、その問題の根っこの部分を掘り出し、その共通点を見出すことができ、そこから教訓を得ることができます。総合的にみると、ここで得られる教訓は以下に集約されます。

- せっかくのシステム「木」が確立されていても、それぞれのシステム（「木」）とシステム（「木」）が連動していない。
- せっかくの資源がうまく政策に結びついていない。
- 異なるシステムを繋ぎあわせる調整機能がうまく働いていない。
- また多くの情報や知識が「点」として扱われ、「線」として繋がっていない。

　こうした東日本大震災の教訓を踏まえて、1節の「災害マネジメントと公共政策」とレジリエンスの関係」の表と照らし合わせながらより良い現代リスク社会対応に向けてポイントになることを4つ提示しておきたいと思います。
　第一に、東日本大震災は個別のリスクではなく複数のリスクが同時に実際のものとなった顕著な災害でした。こうした災害は2

章の現代リスク社会の特徴を体現したものといえますが、日本の正式な災害対応の仕組みの中では従来どおりの個別のリスク対応に留まっているのが現状です。多様なリスクに備えることが謳われてはいても、多様な災害やリスクを包括的に捉え、包括的に対応するための正式な仕組みができていません。

　OECDの報告（2012年）によると、あらゆる災害リスクを包括的に正式な仕組みができている"All Hazardアプローチ"（すべての自然リスクだけでなく、人為的リスク、産業リスクも含む）をとっている国として、フランス、ドイツ、オランダ、ノルウェー、スウェーデン、イギリス、アメリカ、トルコ（2012年度当時は予定）があり、その他に、ほぼ"All Hazardアプローチ"をとっている国家として、オーストラリア、カナダ、ハンガリー、メキシコ、ニュージーランドが挙げられています。また中国も自然災害リスクについては包括的アプローチが取られています。

　日本でも東日本大震災を教訓に、現代リスク社会に向けて、この仕組みを確立していくことが必要です。「点」を「線」で考える、「木を見て森も見る」というアプローチは、ここからはじまります。

　第二に、前述のように日本には災害システムとしては、中央政府にも地方自治体にも優れたものが多くありますが、それらを別個としてはなく「システムズ」として繋いでいくアプローチが必要です。単純なことのように見えますが、本章の例に示したように、それぞれのシステム（「木」）とシステム（「木」）の連携が取れていない、せっかくの情報がうまく政策に結びついていない、せっかくの資源がうまく結びついていない、その異なるシステムを繋ぎあわせる調整機能がうまく働いていないという場面が多く見受けられました。このように、東日本大震災後に見られたあらゆる主な問題の多くの根源を辿っていくと、「木を見て森も見る」視点または「システムズ」（システムとシステムの連携）アプローチに「隙間」があることが見出されます。

特に中央政府や地方政府の中の様々な災害マネジメントシステムの「システム」と「システム」だけでなく、中央政府の「システム」と地方自治体の「システム」を日頃から繋げていくことが重要です。「連携」という言葉はよく使われますが、正式なプロセスや仕組みとして繋がっていかなければ、いざという時には通用しません。こうしたシステムズ・アプローチを根底においた連携を重視し、こうしたアプローチ上の課題を二次的に扱うのではなく、今後の災害に備えてより良い仕組みをつくっていくために最優先課題として検討していく必要があると考えられます。なお、その中央政府と地方政府の「システム」と「システム」を繋ぐ仕組みの１つとして、国全体で、様々な災害マネジメントシステムの中核的な調整を「日常的に」行う役割を担う仕組みは欠かせないと考えられます。ここで単純に日本版FEMAをということをいうつもりはありませんがFEMAがもっている日常的な機能から多くを学ぶことができると考えます。

　第三に、現代リスク社会対応において、資金・人・情報・技術を含む資源を運用上連携させる仕組み、科学知と政策知を繋ぐ仕組みなど、異なる組織や専門知を連携する仕組み、包括的評価、分析、是正、更新までの一貫したプロセスを取るアプローチ、さらに重要な情報・データをアクション可能な政策に結びつける協働知識創出システムを根底にしたアプローチについても、レジリエンスの観点から多くの隙間があると考えられます。こうした課題は、今後の現代リスク社会、特に特に現代リスク社会における予測困難性、不確実性を考慮すれば、二次的ではなく最優先して対応していくべき課題と考えられます。

　なお、こうした課題項目のどれをとっても特別なことではありません。１つ１つをとれば当たり前のことのように受け止められる傾向にありますが、東日本大震災は、様々なレジリエンスに関わる要素が不足、または欠如し、それらが集積する結果として、大きな問題になりかねないことを示しています。

第四に、上記のような隙間を小さくしていくために、6章でプログラム・デザインツールとして掲げた「資源と意思決定の連携」、「協働知創出システム」、「トリプル・ラーニング・ループ」のようなツールを政策ツールとし、こうした資源、情報、データ、知識を有機的に体系化し、アクション可能な政策を可能にするような取り組みが求められます。

　ここで見られたケースは、一時的な問題ではなく、日本社会の持続可能性にも繋がる問題です。ここに引き出した東日本大震災の教訓は、今後の現代リスク社会に問題解決方向の道筋をつけ、レジリエントな社会を創るために活かしていくことが重要です。こうした大きな課題や政策を一気に変えることはできませんが、それだからこそ、こうした問題をより良くの人が共有して、1人1人の仕事場で、組織の中で、プログラム創りで活かし、その方法を敷衍して、積み重ねていくことが何より重要と考えられます。

8章　政策システムとレジリエンス

1.「森」と「木」の視点から

● 「森」の視点から見た「政策システム」の位置づけ

　7章で「森」の視点から引き出される東日本大震災教訓の要が「政策システム」に繋がっていることを示唆しましたが、「政策システム」とは具体的に何を意味するのでしょうか？　どのようにレジリエンスと関係あるのでしょうか？

　簡単に言えば政策に関わる制度、組織、プロセス、アクター、資源（人・予算／資金、情報、知識、技術など）のダイナミックな動きに関わります。つまり、「政策システム」は、固定されたものではなく、社会のダイナミズムと関わります。「政策システム」というと、響きだけでは冷たく無機質なものに聞こえるかもしれませんが、実際には人々やコミュニティや現代リスク社会のレジリエンスを支え、災害社会全体の「動脈」になるものと位置付けられます（A）。また角度を変えると、「政策システム」は個人を守るための社会を構成する様々な主体の基底となる「支持体」のような役割をするものとして位置付けることもできます（B）。こうしたことをこれまでに示した図に明示すると、図Aや図Bに示されます。

　このように見ると、国全体のレジリエンス、またはその中の様々な主体のレジリエンスを機能させるためには、政策システム自体もレジリエンスの要素をもっている必要があることがわかります。なぜなら、政策システムが硬直していては、様々な主体が様々なレジリエンスの要素や基軸を取り入れる上で障害になったり、多様

A: 現代リスク社会のレジリエンス構造の中の「政策システム」

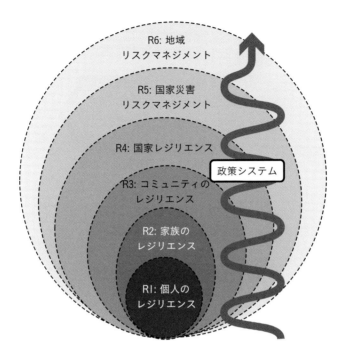

な社会のシステムのレジリエンス機能を阻んでしまうことになりかねないからです。

さらに踏み込んでいえば、次のように捉えることができます。まず、2章で「国や地域・国際レベルの災害マネジメントの中で個人、家族、コミュニティ、国のレジリエンスを重視した政策・手続きが連動していなければ、R4 の国のレジリエンスに影響し、その影響がさらに個人、家族、コミュニティのレジリエンスに影響してしまう可能性がある」と述べたことについて、「A：現代リスク社会のレジリエンス構造の中の「政策システム」」を踏まえると、そうした状況は、「政策システム」にレジリエンスベースの仕組みが組み込まれているかどうかで左右されると見ることができます。つまり、「政策システム」にレジリエンスベースの仕組みが組み込まれていな

B: 様々な主体の中の「政策システム」

ければ、最終的には人や家族、特に脆弱な人々、恵まれない人々あるいはコミュニティのレジリエンスに影響を及ぼしかねない状況が生じることになってしまいます。

「B: 様々な主体の中の「政策システム」」からも同様のことが引き出されます。現代リスク社会に関わる環境変化と、その変化の渦中にいる「人」を守るためには、その社会（森）を構成する多様な主体の中と同様に、政策システムにもレジリエンスベースの仕組みが組み込まれる必要があることが示唆されます。特に主体と主体、またはシステムとシステムの境界線のレジリエンス機能を高め、木と木の間を繋げていくためには、様々な主体の支持体でもある政策システムの中にレジリエンスを可能にする仕組みがあることが欠かせません。様々な主体の中で動く資源、つまり人、予算／資金、情報、知識、技術などが、アクション可能な政策

に結び付いているかどうか、また協働知創出を可能にするために俯瞰的、体系的で、また一貫性のあるアプローチが採用されているかどうかは、そもそも政策システムの在り方にかかってくるからです。こうしたことが、大規模複合災害、さらにはダイナミックな環境の変化への適切な対応にも影響することになります。

　このように社会全体の中の政策ステムの位置づけを踏まえると、政策システムの中にどのようにレジリエンスを組み入れていくのか、レジリエンスの要素を取り込んだ仕組みをどのように創っていくのか、つまり政策システムに関わる仕組み創りまたはデザインが、ここでも重要な意味を帯びてくることが分かります。

● 「政策システム」の仕組み

　「政策システム」を森と見立てた場合に、そこにどのような木々（システム群）が連なるのか、どのような仕組みになっているのかをもう少し体系立てて見ていきましょう。

　既存の研究の中では政策システムの主な定義に、「政策の決定・転換に影響を与える、様々な主体の相互作用のシステム」[37] として、様々な主体とその関係に焦点が当てられているものや、政策の科学的視点を重視し、「公共政策評価の入力を公共政策実施の出力に変換するシステム」[38] として位置づけるものがあります。こうした定義を踏まえつつも、これだけでは政策システムは1つの箱物のように捉えかねないため、その中身に踏みこんで、森の中の重層的な木々やその木が機能する上での条件を見ていきたいと思います。特に「点」の視点で見られた時に誤解される傾向がある部分について、これまでに述べたことを強調しながらまとめるとポイントは3つあります[39]。

　まず第一のポイントとして、ここでいう「政策システム」は、1つの箱物のシステムを意図するものではなく、「政策形成システム」、「政策予算システム」、「政策評価システム」などと表現されるよう

公共政策における「システム」の要素

- 一貫性をもつこと
- 体系性をもつこと
- 俯瞰性をもつこと
- 第三者から見て追跡が可能であること
- 学習・評価を踏まえて更新が可能であること
- 正式なプロセスとなっていること
- 情報公開が可能であること
- 市民が参画できること

に、その中に様々なシステムや仕組みが包含されます。さらにそれらは当然の成り行きとして存在するものでもなく、機能やプロセスに至るまでその仕組みは人の手で綿密に築かれていくべきものです。

政策システムに含まれる様々なシステム（木）の中の綿密な仕組みづくりが主に対象とするのは、人、予算／資金、情報・知識、技術を含む政策資源です。システムの仕組みが重要になるのは、政策資源は有限であり、またいくら多くの政策資源があったとしても、それを効果的に活用し、アクション可能な政策に繋げる仕組みがなければ、より良い政策は望めず、また東日本大震災のような突然の危機の際に急に政策は機能しないからです（これは、これまで述べてきたレジリエンスの考え方に立脚しています）。

第二に、「システム」という言葉の原点に立つと、システム的思考などと表現されるように、そこには、体系性、一貫性、俯瞰性といった要素が要求されます。これに加えて、公共政策専門の立場からこれまでの知見を踏まえて、基本的な公共政策の中の「システム」の要素ともいえるものをまとめたリストを、表「公共政策における「システム」の要素」に示します。

モデル I：政策知の視点から

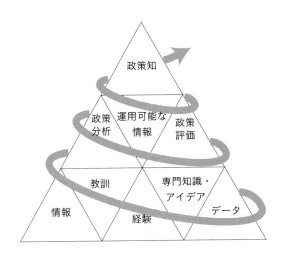

　こうした要素を概観すると、更新可能性、情報公開性、市民参画性など、レジリエンスの要素と重なることがわかります。したがって、政策システムにレジリエンスの要素を取り入れるということは、もともと公共政策に期待されるこうした政策システムの特徴を補強し、引き出していくこととして、捉えることができます。

　第三に、より具体的な政策システムの例として、こうした政策システムの基本となるモデルを2つ提示します。

　まずモデル1は、政策の基礎となる情報やデータが政策上実施可能な状態になる知識、つまり政策知になり得るまでのプロセスモデルが示されています。これまでにも協働知創出システムとの関わりから示唆しているように、1) 様々に存在する個々の細かな情報やデータ、教訓、経験、それぞれの分野の専門家の専門知識やアイデアは、点としてばらばらではなく、体系化し、俯瞰的に、一貫して見ることによって線として繋げていく必要があること、また、2)「政策分析・評価」というプロセスを経てこそ、個々の情報、データ、教訓、経験、専門知識・アイデアは、運用可能な情報に

結びつけられ、アクション可能な政策に繋がり、政策知になり得ることが示されています。なお政策分析、評価についても様々な定義が存在しますが、ここでは基本的な理解として、政策分析を「諸政策代替案に対する、分析・予測・評価と、諸案の評価結果を比較した結果を使っての優先順位の決定、提言、提言結果予測」[40]、政策評価については「政府の行う公共政策の内容およびプロセスについて、そのメリット・デメリットについて判断すること」[41] を根底に置いています。

　次に、6章で述べた基本的な政策形成過程にさらに切りこんだものが、モデル2になります（「モデル2：政策形成過程の視点から」参照）。ここでは、課題（問題）設定、代替案の策定、政策決定、および政策実施 といった重要な政策機能を動かしていくために、政策の形成、決定、執行、終了・改良のすべての過程において、情報・予測・指標・シミュレーション・事前評価を中心とする「政策分析」、業績測定、事後・事業評価、モニタリング、監査を中心とする「政策評価」に加えて、こうした分析や評価を実施する「政策研究」が一貫して関与していく必要があること[42] が示されています。

　こうしたプロセスを踏まえてこそ、「政策代替案」、「政策決定・予算化」、「実施・施行」に繋がり、社会変化、つまりは政策更新や社会イノベーションに繋がっていくと理解することができるでしょう。また、このような政策形成プロセスに関わる個々のシステムが、「システムズ」として連動してこそ（「木を見て森も見る」）、問題が可視化され、第三者によって追跡することが可能になります。さらにこうしたプロセスよって市民が政策上の問題点を知ることで、多くの人が注目することになり、それが政治を動かし、政策に対処し、政策を更新させることに結び付くと理解することができます。

モデル2：政策形成過程の視点から

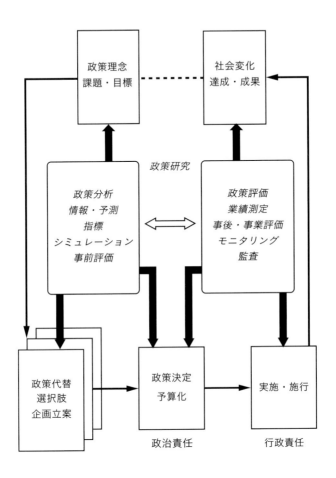

(上野、2012年)

2.政策システムにおける隙間

　1節に示した政策システムの理解を踏まえて、7章で取り上げた東日本大震災の教訓の中の復興予算のケース、評価のケースをもう一度振り返り、そうしたケースと「政策システム」との関係はどこにあるのか、政策システムのどこに隙間があって、どのように隙間を小さくできるのかについて、詳しく見たいと思います。

　ここまでの域になると、「私には関係ないわ」とか、「政策システムなんて変えることできないでしょう」といったコメントが聞こえてきそうです。しかしここでは、「森」の視点から、東日本大震災だけに留まらず、今後の現代リスク社会を考えていく上でも、その動脈、または支持体としての政策システムへの問題意識を広く共有したいと思います。政策システムを変えることは容易ではありませんが、「協働知創造のレジリエンス」をコミュニティ、社会で育てる、培う、強化するための「土壌」として、政策システムへの意識が集まり、それを通して得られる気づきが1人1人の取り組みに変化をもたらすことを願うからです。そのようにして点の取り組みが線になり、うねりとなり、次々と世代を介してより良いコミュニティや社会をバトンタッチしていく、そのようなダイナミズムが生まれることを信じるからです。

● 復興予算のケースから

　7章で2011年10月25日の会計検査院の参議院への報告と2011年決算検査報告書の指摘から、政府の各省庁が復興予算

として予算化した事業の中に、震災復興と関係が薄いとみられる事業プログラムが数多く含まれていたケースを取り上げました。ここで「政策システムとレジリエンス」の視点から見えるポイントが3つあります。

　まず第一に、国会への会計検査院による報告によってこうした問題点が明らかになったことに関連して、現行のシステムについて言及しておきたいと思います。会計検査院といっても多くの人には馴染みがないかもしれませんが、1節で示した「公共政策における「システム」の要素」で挙げた追跡可能性や情報公開性に関わりの深い国の組織です。名前のとおり国の「会計」を検査することが主な任務ですが、1998年の会計検査法改正で、「国会の要請のあった事項」について検査し、国会に報告することが可能な仕組みができました。ただ、運用件数は未だ少なく、2012年度は現行で9件、その他は毎年5件以下に留まっているのが現状です。しかし、会計検査院による検証のこうした仕組みがあってこそ、東日本大震災後の復興予算が他の関係ない事業に流用されていることが、国民に公開される報告書の中で明らかになり、メディアや一般の人の目に晒されたことは見逃せません。このように問題が誰の目にも見えるよう可視化されたことによって、世論で議論が巻き起こった結果、問題の予算の執行停止という政治決定に繋がったからです。

　第二に、一方で残念ながらその後の会計検査報告でも同様のことが報告されています。こうした予算プロセスの右往左往があると、それだけ被災地の現場の復興プロセスの足枷になりかねません。これまでの章で見てきた「木を見て森も見る」の観点からいえば、このケースは被災地と中央政府の境界線が繋がっていない端的な例ということができます。前節で、「社会（森）を構成する多様な主体の中と同様に、政策システムにもレジリエンスベースの仕組みが組み込まれている必要がある」、「木と木の間を繋げていくためには、様々な主体の支持体でもある政策システムの中にレジリ

エンスを可能にする仕組みがあることが欠かせない」と述べたことは、まさにこのケースに当てはまります。

　第三に、こうした問題がなぜ起きるのか、また次に同じことが起こらないのか、と多くの人は考えると思います。その点に関して、次のことがいえます。1節の「モデル2:政策形成過程の視点から」に示したように「予算化」の段階で、もし「政策分析、評価」の仕組みがあり、それが機能していれば、復興に関係のない予算項目が予算として盛り込まれることはなかったのではないでしょうか。特に「政策分析、評価」に基づいた予算チェック機能が「多方向から」行われていれば、予算策定の段階で何らかの指摘がなされていたと考えられます。しかし、現行のシステムでは、予算化のプロセスから、第三者を含めて多方向から政策分析、評価が行われる仕組みになっていません。また、東日本大震災の復興予算が関係のない事業に流用されていたことを発見する役割を担った会計検査院も、その役割としては「決算の検査」に重点が置かれていて、予算の検査を行う機関は、担当省庁、国会の担当委員会に限られているのが現状です。

　こうした政策システムの隙間を小さくするために、どのような方法があるのかという点について米国の事例を見てみましょう。

● **米国の事例から**

　米国では、予算関連の機関として、議会予算局（Congressional Budget Office, CBO）が設けられています。これは、1967年大統領諮問委員会による予算構想を基礎とし、1974年議会予算統制法に基づいて設置された、米国の予算策定に関わるシステムの1つです。その予算構想の下で、予算情報が分かりやすく市民に伝えられるものとして継続的に提示されることが不可欠であるとされ、同制定法では、予算過程において効果的な議会のコントロールを確保すること、連邦政府の歳入と歳出の適正レベルを毎年議

会決定で用意することなどが盛り込まれました。そのようして設けられた CBO の主な機能には、議会全般の予算編成支援に加えて、「政策分析」があります[43]。日本にもし、こうした政策分析に基づく予算チェックのできるシステムがあれば、前述の復興予算に関わる問題は少なくともより早い段階で明らかになっていたのではないかと考えられます。

　また、米国には政府説明責任局（Government Accountability Office, GAO）という政策評価機関があります。もともと GAO は、General Accounting Office（会計検査院、頭文字は同じ GAO）と呼ばれていましたが、2004 年に、政府機能の実態を反映するため名称を政府説明責任局に変更しました。90 年近い歴史をもつ GAO は、当初政府の会計検査を中心に従事していましたが、近年は国内政策から外交政策に至るまで、あらゆる政策評価を実施し、政府の説明責任を常に問うことをミッションとしています。GAO は、日本の会計検査院と比較される場合が多いですが、日本の会計検査院と米国の GAO のシステムは、実際には大きく異なっています。

　GAO は、それぞれの政府省庁の Inspector General からあがる会計報告書について精査する責任を負うものの、それ以外の主な業務は政策評価とそれに基づいた勧告に焦点が当てられています。そのようなシステムを通して GAO は、3200 人以上のスタッフを擁してあらゆる米国の連邦政府の政策の政策評価を通年通して継続して行い、それを議会に報告する仕組みが確立されています。そうした仕組みを通して生みだされる年間 900 本以上にのぼる報告書は一般にも広く公開されるため、あらゆる政策論議の土台として用いられることが頻繁にあります。これに比べて、上記に示したように日本の会計検査院の役割は会計に焦点が当たっており、近年少し異なる動きが出てきてはいるものの、政策評価の機能はかなり限定されている仕組みとなっています。このようにして見ると、米国の GAO は、これまで述べてきたような「協働知創出システム」

の一端を担っていると捉えることができます。

　米国と日本では政治土壌も政策土壌も異なりますが、こうしたCBOやGAOが担っている「機能」は、復興予算のケースに見られた予算化システムの隙間を小さくする上で不可欠な予算策定システム、さらに政策分析や政策評価のシステムの在り方に示唆を与えるものと考えることができます。

● 政策評価のケースから

　7章で東日本大震災後の政策評価の実施について、全体的に次の3つを指摘しました。

1) 国会事故調や民間による、原発事故の検証、政策評価が実施されたことは1つのポジティブな動きとして捉えられること。
2) 一方、ほとんどの政策評価は、従来の個別分野別に検証や評価を行っているものが多く、分野横断的な政策評価はあまり見られず、従来の縦割り組織の中で独自評価に終始しているケースが散見されること。
3) ポジティブな動きについても、評価がより良い政策に、より良い問題解決に繋げられていく道筋が明らかでないこと、つまり短中長期的な視点が網羅され、評価が学習と一体となった一貫したプロセスが必要であること。

　「政策システム」の視点からこうした1)～3)を分析するための道標なるものとして、既に示した基本的な政策評価の定義と「公共政策における「システム」の要素」を組み合わせると、「政策評価システムの要素」に示すようになります。

　この要素を念頭において、東日本大震災後の政策評価の状況をより詳しくみると、1)～3)の動きの中から、次のことを炙り出すことができます。

> ## 「政策評価システム」の要素
> - 客観的データと政策分析に基づいた評価であること
> - 第三者による検証、評価を含むこと
> - 問題解決型であること
> - 検証、評価プロセスおよび結果ともに公開され、トラッキングすることができること
> - 評価に基づいて、政策更新が可能であること
> - 継続的であること

　まず萌芽ともいえる部分について。1) に関連して、国会事故調（東京電力福島原子力発電所事故調査委員会）は、「憲政史上はじめて」国会によって設けられた独立調査委員会として 2011 年 12 月に発足した新しい仕組みです（ただし、報告書を発表した後、解散しました）。独立調査委員会とは、政府から独立し、政党や政治的影響力から離れて、第三者の立場で民間専門家による事故検証を行うことを意味します。この委員会はこうした仕組みを通して原子力事故の検証を行い、何度も公聴会を開催し、発足から 6 ヵ月後の 2012 年 6 月、検証結果と政策評価をまとめた報告書を国会に提出し、その後報告書は一般公開されました。民間の第三者的立場からは「日本再建イニシアティブ」（2011 年 10 月に新しく設立された民間財団、原子力等の関連業界からの寄附を受けない）が民間の研究者を集結させ、独自の視点やソースから原子力事故を調査し、検証と政策評価を行い、その結果も日英で出版されました。こうした国会事故調、日本再建イニシアティブの報告の中で、原子力事故に関わる対応を客観的に調査・検証・分析・評価し、情報の透明性を追求し、原子力事故に真摯に向き合う姿を国内外に示しました。

　一方、こうした動きの中にも大きく 3 つの「隙間」が見られます。

1つめの隙間として、上記3）と関連し、今回はどちらも調査プロジェクトという形で実施されており、今後も継続的に実施されるものではなく、アドホックで1回きりの政策評価に終始していることにあります。特に国会事故調は、前述のように報告書の公開をもって既に解散しており、憲政史はじめての新しい仕組みは今はもう存在しません。それとも関連して、報告書の知識が次のステップに結び付けられ、政策知に繋げられる仕組みがないため、報告書で勧告、提言されたことは実際にどのようなプロセスで問題解決方向に結び付けられていくのか、政策形成の中でどのように検討されるのかは不透明なままです。1つの政策評価をきっかけに事実が調査され、記録され、提言されることそのものは非常に貴重ですが、それを1回きりに終わらせるのではなく、継続的に行われてこそ、現代リスク社会を乗り越える道筋を立てることができます。そのためには、政策システムの中にレジリエンスの要素、つまり継続性、政策知への連携といった要素を可能にする仕組みが欠かせません。ここで見られるような隙間は、レジリエンスの基軸として本書で何度もとりあげた「協働知創出システム」と関係し、また1節の「モデル1：政策知の視点から」を踏まえたモデル1の政策知形成プロセスに基づくと、せっかくのデータ、情報、教訓があって、また政策評価が行われても、レジリエンスをベースにした仕組みがなければ、政策知に繋がらないことを示します。

　2つめの隙間として、実際に政策評価する上での調査や運営上の仕組み（政策評価システムを森と例えるなら、ここでは「木」の部分）の問題が挙げられます。例えば、国会事故調に関して、調査期間の不足、調査にあたる人材の人選、あるいは外部人材の配置の問題、調査を下支えする組織の不備、短期間の予算執行の問題などが、同事故調関係者によって指摘されてきました[44]。

　要するに、急にアドホックな調査・検証・評価の仕組みを創っても、米国のGAOのように常に政策評価に関わる人材があり、その政策評価プログラムを支える組織や予算が備わっているわけ

ではないため、アドホックな取り組みから生じる様々な隙間が見えてきたものと考えられます。これまでに政策システムの根幹として、またレジリエンスをデザインするためのツールとして述べてきたように、こうした隙間は日常から資源、つまり人、資金、組織、知識、技術を連携させる仕組みの重要性と大きく関わっていると見ることができます。急に人を集めて調査のためのインフラを整えても、また急に予算をつくって短期的に消化しようとしても、課題が大きければ大きいほど、こうしたせっかくの資源をうまく機能させるのは困難です。平易な言葉を使えば、ここでもサッカーの試合と同様、日々の訓練、毎日の積み重ねがモノを言うと理解しておく必要性が反映されているといえるのではないでしょうか。同時に、より専門的に森の視点からいえば、2章で述べたような現代リスク社会の特徴を踏まえれば、短中長期的視点を網羅し、評価と学習が一体となってより良い政策が創れるようなシステムが不可欠であると考えられます。

　さらに政策システム全体的な森の視点から見た隙間として、上記2）と3）に関連し、国会の事故調や民間機関による調査「以外」の全体的な評価の傾向として、前述の「「政策評価システム」の要素」にある要素、つまり(a) 客観的データと政策分析に基づいた評価であること、(b) 第三者による検証、評価を含むこと、(c) 問題解決型であること、(d) 検証、評価プロセスおよび結果ともに公開され、トラッキングすることができること、(e) 評価に基づいて、政策更新が可能であること、(f) 継続的であること、の要素を満たすような政策評価のケースが限られていることが指摘されます。

　特に (a)(b) について、当事者以外の「第三者による」評価がなぜ重要かは、協働知創出システムと関わりますが、さらにいえば、レジリエンスの要素から見ると特に「市民の参画」、「情報開示」、「学習」、「更新」に道を開くものとなるからです。つまり、当事者とその周囲の評価だけでは関係者だけの枠に閉じこもってしまうことになりかねません。市民の生活に関わる問題である

からこそ、より広く市民に知らせ、情報開示し、より幅広い多角的な角度から課題を見て、現状と進展状況と課題を常に見直し、協働で学習し、現在の仕組みを、さらに政策を更新していく必要があります。そのためには、「第三者による」政策評価が不可欠になります。

● **「3つの視点」** 分かりやすく説明するために、少しここで脱線してみます。「評価（evaluation）」というと、日本語では厳しい響きがあるのか、よく否定的に受け取られているのを耳にします。しかし評価は、批判と違います。ただ好き勝手なことを言うのは問題外。第三者評価のポイントは、「根拠」と「客観性」と「代替案があること」にあります。直接の関係者による評価、さらにその周囲にいる関係者による評価も大事です。ただそれだけでは、上で述べたように、その殻に閉じこもってしまう可能性があり、協働知を創っていくためには特に3つめの視点が欠かせません。

　個人の視点を例に挙げると分かりやすくなります。例えば、自分を振り返るときに、自分の中で自分を見つめなおし、反省し、より良くどう生きるかという第一人者による自省があります。その他に自分をよく知っている親、兄弟や、パートナーであったり、親友であったり、そういう人たちに相談して、自分のことを見つめ直すという、第二人者によって自分を見つめ直すという作業があります。これに加えて、自分とは少し離れた立場にいる人から、より客観的に見てくれる人に相談し、自分を見つめ直すという作業も必要です。もちろん誰もができるわけではありませんが、それなりに深く、幅広い観点から見てくれる人の意見を通して、より客観的に自分を見つめ直してみると、新しい発見があったりします。

　さらに、私個人のことでいうと、日本以外に、米国で住んだ経験が長いのですが、それ以外にスウェーデンに短期間ながらしばらく滞在していました。日本を外から見ると、日本という社会、日本人という自分について様々なことが見えてくるといいますが、私も

米国でそうした経験をしてきました。ただやはり米国に住むだけではまだまだで、3つめの国に住んではじめて、3つの視点から社会の仕組みを比較したりすることで、色々なことが面白く見えてきた経験があります。3つにこだわる必要はありませんが、少なくとも3つの角度から見直す必要があるという点では、象徴的な経験になりました。

　また別の例ですが、私が関わる政策研究の中でも、何か報告書を書くときには、自分とは近くない人との間でもそのレビューを相当やります。時々相手の気分を害しているのではないかと心配になる時がありますが、それはお互いプロ同士。ほとんどの場合コメントは喜ばれます。「第三者」が見ることで、何が矛盾しているか、どうした点が不足しているか、くっきりと明らかになるのです。私も、自分の書いたものについては、頭の扉が塞がってしまう時があっても、他の人のものをレビューするとはっきりと「見える」ことがあります。

　個人的なこととはレベルが違うかもしれませんが、こうして見ると「3つめ」の評価の大切さにあらためて気づきます。政府は政策を作り、市民はそれを受け取る当事者と思われている節がありますが、どんな優秀な官僚がこれだと思って作った政策も、磨きようは幾らでもあるはずです。市民を含めて「第三者」の目でしっかりと「継続的に」レビューをし、実施状況や、様々な不確定要素も併せて、客観的に政策を評価し、より良い政策を創っていくシステムがないと、社会の政策はいいものになりません。そうした政策システムが、特に極めて複雑で不確実な現代リスク社会を乗り越えていくために、協働知創出システムを創っていく土壌として必要不可欠になると考えられます。ただのシステム、仕組みとしてだけでなく、6章のプログラム・デザインツールに示したような「トリプル・ラーニング・ループ」を参考にしながら、何度も環境・状況の変化に応じて評価の在り方を描き直しながら、より良い政策を創っていくプロセ

スが欠かせないと考えられます。

　では政策評価システムの要素である（a）〜（f）を実際に網羅しているシステムはこの世のなかにどのように存在するのでしょうか？　例えば、2005年の米国カトリーナ・ハリケーンの事例を例に挙げると、政府、政府検証委員会、議会検証委員会以外にも、GAOからはじまり、非営利民間シンクタンクまで、様々な組織が第三者による検証、政策評価が継続的に実施されてきました。例えば、2005年から2011年までの間に、GAOがハリケーン・カトリーナ対応を主要テーマにして作成した政策評価報告書は約60本にのぼり、ワシントンDCに拠点を置く大型非営利民間シンクタンクのアーバンインスティテュート（UI）は約40本、ブルッキングス研究所は約20本発行しています。こうした報告書は、大災害が影響を及ぼし得るあらゆる社会経済の側面に焦点を当て、そのテーマは雇用問題から、教育問題に至るまで幅広く網羅されています。その意味でイシューやセクターの連鎖も視野に入れた検証が行われてきました。さらに、その報告書や成果物の結果は、単に報告書という性質のものに終始せず、議会各種委員会の証言や、報告書の一般公開、政策ワークショップやセミナーなど、複数のプロセスを通して、政策形成過程にも直接あるいは間接的に組み入れられており、市民を含めた多様な人々による多様な議論へのチャネルが備えられています。

　このように、短・中・長期的な視点から検証、評価を行い、個別のデータ、情報、知識を運用可能な情報に繋げ、アクション可能な政策に繋げことを可能にする少なくともチャネル、仕組みが存在することは、その成果の如何によらず、検証を踏まえて政策更新またはより良い政策への可能性に繋がり得る、少なくとも道筋をつけるものと考えられます。特にこうした政策システム、特にレジリエンスをベースにした仕組みの側面が、東日本大震災の側面から、あらためて見直され、今後の現代リスク社会を乗り越えるための仕組みとして再考される必要があります。

3.協働知創造レジリエンスのための
　政策システム

　ここまで通して見て、政策システムがどのようにコミュニティや社会のレジリエンスと関わっているか、なぜレジリエンスをベースにした政策システムが、個人や、コミュニティや、社会のレジリエンスを育み、培い、強化していく上で不可欠であるかを理解していただけたでしょうか？「政策システム」や「政策評価」というと多くの人には馴染みがなく、この言葉を聞いただけで険しい顔をされる方もいらっしゃるのですが、実は私達の生活や社会の基盤になるもので、レジリエントな社会を創っていく上では避けては通れないものといえます。

　これまでに何度も言及しているように、ここで言う政策システムというのは何か箱モノをつくればいい、システムがあればいいという話ではありません。レジリエント社会を潤滑させていくための動脈として、または支持体として、特に協働知創出システムを築いていく上でのプラットフォームとして、様々な教訓を基にしながら常に磨かれていく、ダイナミックなシステムとして位置付けられます。そのシステムがあれば問題解決ができるわけではありませんが、そうしたシステムを通して、協働知を創るための道を開き、協働知創造のレジリエンスへの可能性に繋げ得るのものとして位置付けることができます。

　では、東日本大震災を教訓に、現在の政策システムをどのようにして変えていくことができるのでしょうか？　あまりにもその対象が大きすぎて、個人の力や組織の力では到底かなわないものと思わ

れるかもしれません。実際にはそうだと思います。例えば、上述の米国の非営利シンクタンクのくだりがありましたが、米国の非営利シンクタンクの主な機能として、第三者的視点からの継続的な政策評価の実践があります。日本にはこうしたことを実践し続けられるシンクタンクと、それを支える政策システムがほとんどないことに気づいた研究者らは、30年以上にわたって、こうした機能をもつシンクタンクの導入とそれを支える政策システムの整備を提唱し続け、それに共感した政治家や経済界の関係者や研究者は現状を変えるためのあらゆるプロジェクトや取り組みを続けてきました。しかし、残念ながら何度も変化の兆しが見られながらも、この30年あまり進展が見られません[45]。（念のためここでもお伝えしておくと、米国にあるような非営利シンクタンクという1つ箱モノができればいいということではなく、ここでは、そうしたシンクタンクが果たしている機能とそれを可能にしている政策システムに注目しています。）

こうした長年の様々な関係者によるシンクタンクに関する取り組みのケースだけ見ても、政治土壌、政策土壌、さらに日本の文化にも関わってくる政策システムを変えることは、それほどとてつもないチャレンジだということが分かります。それでも、レジリエントな社会、さらには持続可能な社会を目指すなら、ここで諦めたり、目を背けたりすることはできません。なぜなら、政策システムがレジリエントな社会を創る上での動脈であり、個人、コミュニティ、政府、企業、専門家、コミュニティを含む様々な主体の支持体であるからです。ここでも人任せにせず、私達1人1人、または組織のレジリエンスが問われます。私達1人1人ができること、また1組織からできることとして、3つのことを提案したいと思います。

● 3つの提案

　第一に、「木を見て森も見る」視点をここでも活かして、こうした「隙間」に「気づいた」個人や組織が、日頃の業務や取り組みのプログラムの中にレジリエンスの要素を取り入れることを欠かさない「木」の視点と同時に、私達の社会を支える「政策システム」の位置づけと、そこにある「隙間」への問題意識（森）も同時にもち続けることが重要です。そうした意識から生まれるアプローチをそれぞれの身近な取り組みの中に「移植」し、他の人や組織の問題意識に繋げていくという、「木を見て森も見る」取り組みが求められます。

　そのようにして、6 章のプログラム・デザインの枠組みで述べたことと重なりますが、1) 自分のことや目の前のこと（点の視点）だけでなく、2) 異なる点と点を結び線に変えながら問題解決型の仕組みを創っていく、3) そうした仕組みに多様な人々を巻き込みながら、その取り組みを継続していくことが大切と思われます。線を結ぶ上でも（a）同じ分野の異なる人・組織同士、（b）さらに異なる分野の人・組織同士を繋げる仕組み創りが欠かせません。次に、それによって、協働知の土台が創られ、協働知創造が生まれ、既存の政策システムをより良くする動機になる可能性へと広がっていきます。さらに「政策システム」の先を見通すにあたって、レジリエントな人やコミュニティを守るもの、子供やお年寄りや貧しい人々を含めて、弱い立場にある人やコミュニティを支えるものという視点も欠かせません。

　第二に、そうした仕組みを創るにあたって、仕組みのデザインからこだわり、システム・デザイン・マネジメント思考や、継続的学習・評価・一貫性をはじめとする 1 章で示したような「森と木の視点マトリックス」に挙げた視点、より具体的には 6 章のプログラム・デザインツールとしての「資源と意思決定の連携」、「協働知創出システム」、「トリプル・ラーニング・ループ」といったア

プローチを取り込んでいくことが重要です。

　第三に、そうした仕組みを行動に結び付け、その取り組みを積み重ね、それを幅広く敷衍し、レジリエンス「モデル」を創っていきます。こうした取り組みを継続し、何度も見直しながら更新していくことによって、より良い政策システムへの可能性に繋がると考えられます。具体的には、4章、5章で見たような東北やニューヨークの被災地の中や、被災地と政策システムの「境界線」を繋げるような取り組みはそうした「モデル」になるものであり、こうしたところからより多くの人々が学び、自分たちの取り組みに繋げていくことが必須といえます。

　そのようにして点を線に変えながら、同時に「森」の視点ももって、協働知の創出システムの中でも「分析」と「評価」が要になることをより多くの人・組織が共有していく必要があります。例えば国会および付属機能の政策分析、評価、さらには民間研究機関やその他の機関による政策分析、政策評価をより促進することが重要です。それを動機づけるためには、政策分析と評価の需要と供給を生み出すダイナミックなプロセス、言い換えれば「市場」を創っていくことを念頭におく必要があります。

　その過程の中でこそ、東日本大震災で経験した教訓を無駄にせず、現代リスク社会を乗り越えるための道筋に繋げることができます。そして、このようにして政策システムの「隙間」に多様な人・組織が様々な仕組みをデザインし創っていくことで、序章で述べたように網目のように「メッシュ」状になり、それによって隙間は小さくなっていくのではないでしょうか。

地下鉄にて

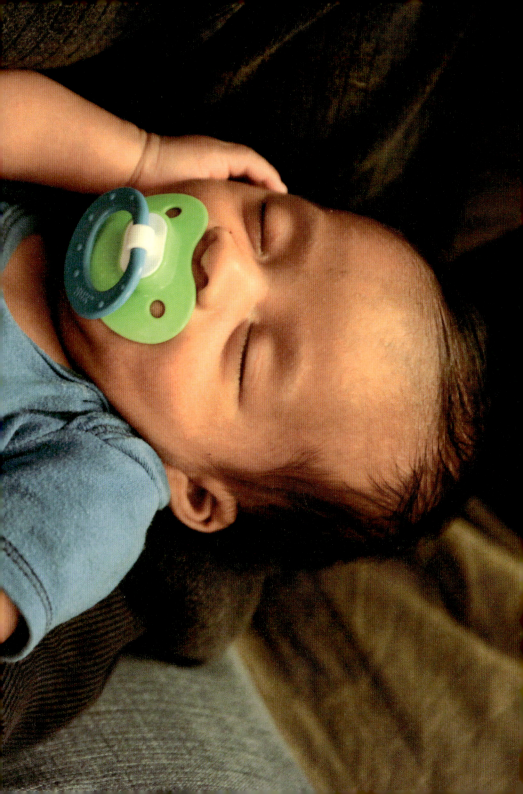

地下鉄にて

Rockawayの海岸に立つYANAのSalvatore Lopizzoさん

Rockawayフェリー乗場からの夕暮れ（車窓より）

結びにかえて：
協働知創造のレジリエンスに向けて

　本書では、私達が避けては通れないダイナミックな環境変化に向き合うために、「レジリエンス」を紐解き組み立てながら、問題解決への道筋を探ってきました。そのプロセスの中で、1）分野ごとに散在する「レジリエンス」の議論から、あらゆる既存の枠や域を超えてオープンに思考し、問題解決方向に示唆を与える要素を引き出し、組み立てること、2）その視点から既存の社会システムの隙間を見出し、その隙間をできるだけ小さくするための仕組み創りを追求すること、3）実際の最新プログラムモデルや、東北やニューヨーク市の被災地のケーススタディに当てはめ、レジリエンスをどのように育むか、強化するか、築くかについて示唆されるものを引き出すことに注力してきました。特に、「点を線に変えて」、「木を見て森も見る」アプローチを軸に協働知から創造される「レジリエンス」を組み入れた仕組み創りについて、その「可能性」に道を切り開いてきました。このプロセスが、いわば「協働知創造のレジリエンスに向けて」の道といえるかもしれません。

　これまでのⅠ～Ⅲ部を踏まえて「協働知創造のレジリエンスに向けて」、私達1人1人が理解しておきたいことは3つに集約されます。第一に、こうした1つ1つの作業を積み重ねて引き出されるものは、1+1＝2のような方程式やノウハウものではなく、問題解決方向の道を切り開いていくための羅針盤であると考えます。その羅針盤は、1直線を導くものではなく、ノンリニア（nonlinear, 非直線性）で、常に学び続け、それぞれの状況において自ら選

びとりながらより良い方向性への「可能性」の扉を開くものとして位置付けられます。そこでは多様なプロセスや多様なチャネルが重視されると同時に、散在する人・情報・知といった点を様々な域や枠を超えて結びつけながら、既存の仕組みを再構築、再創造し、新しい仕組みを協働でデザインし、そのプロセスから創出された知を行動に繋げることが要求されます。

第二に、状況に応じて様々なコンテキストを読み解き、そこにレジリエンスの考え方を当てはめられるような柔軟な思考力と想像力も問われます。これまで本書を通して読んでいただいたらお分かりのように「木を見て森を見る」という考え方ひとつとっても、コンテキストによって木にも森にも例えることができます。もし、会社の経営者あるいは組織の責任者の視点から見れば、例えば会社や組織全体を森と捉え、その中の部署を木と捉えることも可能でしょう。スケールダウンすると、部署全体を森と捉え、その部署の各機能を木と捉えることも可能です。スケールアップすれば、自分の組織を1つの木と考え、社会システム全体を森と見ることもできるでしょう。このように物事を多角的に見る複眼力と同時に、重層的に「スケールダウン」、「スケールアップ」できる視座が必要になります。

第三に、なぜこのようなアプローチを説くかというと、やはり私達を取り巻く環境が「一定」ではなく、変化し続けているから、そして今後もますます速いスピードで、複雑に、幅広いスケールにわたって、深く変化していくからということに尽きます。この渦の真ん真ん中に立っている私達に必要なのは、これまでのリスクや社会に対するアプローチやそれへの取り組みに関わる仕組みを何度もスケールを変えて見直し、あらゆる点を線に創り変えながら、木を見て森も見て、問題解決志向のレジリエンスを組み入れた仕組みを協働で創り続けること、そして、それをコミュニケーションを通して伝え、次の世代により良い社会をバトンタッチしていけるような組織、コミュニティ、社会を創ることに繋げていくことです。

本書で示した東日本大震災やニューヨーク市のハリケーン"Sandy"のケースは、現代社会のダイナミックな環境変化を映し出したケースでもあります。それへの対応や復興過程から引き出される様々な教訓や可能性は、レジリエンスの要素に大きく重なることが明らかになりました。そうした教訓や可能性がレジリエンスの要素にどのように関わるかを浮き彫りにする中で、協働知創造のレジリエンスへのインプットになるようなエキスが引き出されました。こうしたエキス一滴ずつを丁寧にすくいとりながら、私達の今後のレジリエントな社会に繋げていくことが重要です。そうでなければ災害で犠牲になった人々やその復興過程で苦しんでなお必死で取り組んでおられる方々に顔向けができません。その繋ぎも、やはりレジリエンスの要素を組み入れた、協働による仕組み創りからはじまります。

　「協働知創造のレジリエンス」に向けて、特に日本社会全体のコンテキストからいえることは、システムとシステムを結びつけ、連動させていく必要性です。先進国として、また災害大国としてその道を歩いてきた日本には、既に様々な確立されたシステムがあります。そこには優れたシステムも多くあるでしょう。しかし、過去約4年間にわたる東日本大震災の対応の教訓から、1)システムとシステムが連動し、「システムズ」として機能してはじめていざという時に総結集して行動することができること、2)そのためには日頃から「システムズ」の連動を可能にするための仕組み創りが重要になること、3)その連動の仕組みそのものにもレジリエンスの要素が組み込まれなければならないことが明らかになってきました。本書では、そのシステムとシステムの間、あるいは市民、政府、企業、専門家コミュニティを含む主体と主体の間を「境界線」とよび、その境界線を繋ぐ仕組み、その仕組みの中にレジリエンスを組み入れていくことの重要性を、本書を通しての1つの提言として掲げました。こうした作業のプロセスの中には、時に既存の域や枠を超えていく、あるいは既存のリソースを新しく組み合わせて、仕組みを再構築、再創造していくということが重要になります。この「シ

ステムズ」の連動を可能にすることが、日本社会の今後を左右する大きな課題といっても過言ではないでしょう。

　本書では、その「システムズ」を可能にする動脈として、また様々な主体の支持体として「政策システム」に着目しました。政策システムは日頃社会のレジリエンスを追求する上で、なかなか注目されることはありませんし、また一般の人からすればなかなか理解し難い領域ではあります。しかし実は人々やコミュニティのレジリエンスを守るためには欠かせないものであり、また様々な社会のシステムや主体の動き方と深く関わってくることが社会に広く理解されることが求められます。

　社会を取り巻く状況は刻々と変化しています。一瞬が大切になってきます。そのダイナミックな変化は私達を待ってはくれません。その変化には1つ1つの災害やリスクだけではなく超高齢化、地域の過疎化、アジアの都市化、グローバルな環境変化を含めて様々な変化が極めて複雑に絡んでいます。だからこそ、そうした変化に吹き飛ばされてしまわないように、より多くの人がそうした変化に対する問題意識を共有し、協働で知を創出し、アクションに繋げるダイナミックなうねりを生み出していくことによって、レジリエントな社会を築いていくことが大きく求められています。私達1人1人が、点と点を結び線に変え、木を見て森も見るアプローチをとり、さらに1章の「レジリエンス組み立てのための森と木の視点マトリックス」に挙げた要素や、第6章の協働知創造レジリエンスのデザインなどを踏まえながら、自らそうした仕組み創りに関わり、行動に繋げていくこと、そうしたプロセスが、協働知創造によるレジリエンスへの道に繋がり、レジリエントな社会への扉を開いていくでしょう。

● 日本社会を担うリーダーの方々への提案

　最後に、本書を踏まえて、上記のことと重なりますが、特に日本社会を担うリーダーの方々に向けて幾つか提言をさせていただ

きます。

　現代リスク社会において、リスクが極めて複雑に連鎖し、不確実性を生み出していることを踏まえると、現代リスク社会を乗り越えていくためには、様々な専門域や組織枠を超えて「木を見て森も見る」視点、さらに個別のシステムを連動させていくアプローチがますます重要になっています。そこには、様々な枠や域を超えて協働で知識を創出し、多様なステークホルダーが関与することを可能にする仕組みが大きく要求されます。一時的なまたはその場限りの連携やパートナシップといったことを超えて、短・中・長期的な視点を網羅しながら、日常的に市民も含めた多様なステークホルダーが協働で創りだしていく、オープンな問題解決志向の制度や仕組みが必要であり、それを可能にする環境やプロセスを整えていくことが極めて重要です。

　特に第6章で扱ったレジリエンスのデザイン、仕組み創りを基本として、1つ1つのシステムに、そしてシステム「間」にレジリエンスを組み入れるための取り組みを積み重ねていくことがますます重要になっています。特にリーダーは、あらゆる現場に関わるシステムの中で、あるいはシステムとシステムの間に立って、この取り組みをたゆまず続け、それを意思決定に繋げていく必要があると考えられます。また限られた資源（資金、人、技術、情報、知識）を繋げ、システム間の境界線にある隙間を小さくし、繋げることによってそれぞれのシステムの弱点を互いに補完する、あるいは互いに強化しあうことによって、システムと機能の連続性を創り出していくことがますます求められます。

　レジリエンスといえば、コミュニティレジリエンスが広く知られていますが、レジリエンスはそれだけではありません。言い換えると市民を主体とするコミュニティレジリエンスが非常に重要であるからこそ、それを守るためにはその周りの主体のレジリエンスも極めて重要です。4章で示したように、日本には特にコミュニティレベルでみると、レジリエンスの萌芽ともいえるケースは幾つもあります。

一方、その他の主体レベルにおけるレジリエンスはあまり注目されない現状があります。特に現代リスク社会を乗り越えていくためには、コミュニティのレジリエンスだけでは難しく、政府や企業や専門コミュニティを含む他の主体のレジリエンスを高め、さらにそれぞれの主体間を繋ぐ「境界線」のレジリエンスに注目することが求められます。言い換えれば、せっかくのコミュニティのレジリエンスも、その他の主体にレジリエンスが組み込まれた仕組みになっていけれければ、レジリエンスが弱められてしまう、あるいは吹き飛ばされてしまう可能性すらあります。したがって、コミュニティのレジリエンスをますます高めていくと同時に、その他の主体におけるレジリエンス、さらに主体間の境界線のレジリエンスを高めていくための取り組みが大きく求められます。

　その主体間の境界線のレジリエンスを高めていくために、「政策システム」が注目され、その政策システムにもレジリエンスベースの仕組みが組み込まれていることの重要性も認識される必要があります。特に様々な主体の中で動く資源、つまり人、資金、組織、技術などが、アクション可能な行動や政策に結び付いているかどうか、また協働知創出を可能にするために俯瞰的、体系的で、また一貫性のあるアプローチが採用されているかどうかは、そもそも政策システムの在り方にかかってきます。ここでの政策システムは何か箱モノをつくればいい、システムがあればいいという話ではありません。レジリエント社会を潤滑させていくための動脈として、または支持体として、特に協働知創出システムを築いていく上でのプラットフォームとして、様々な教訓を基にしながら常に磨かれていく、ダイナミックなシステムとして位置付けられます。そのシステムがあれば問題解決ができるわけではありませんが、そうしたシステムを通して、協働知を創るための道を開き、「協働知創造のレジリエンス」への可能性に繋げ得るものとして再認識される必要があります。

　また政策システムの中でも、政策をより良い方向に向けるために

鍵を握る評価システムについて再考する必要があります。日本ではPDCA（計画・行動・チェック・アクション）が浸透していますが（このPDCAの考え方そのものは、あらゆる施策の基盤になることは確かですが）、レジリエンスの視点によってたてば、ただのPDCAサイクルを採用すればよいという話ではありません。現代リスク社会におけるダイナミックな環境変化を重視すれば、ただあらかじめ定められたチェック項目をチェックするだけでなく、6章の「トリプル・ラーニング・ループ」にあるように、環境変化に応じて従来のループから抜け出し、その評価の在り方を2度、3度描きなおし、学習しながら他のプロセス・方法を通って評価し直していくことが極めて重要になってきます。

　最後に学問的な視点から一言。私は本書を難解なこともより多くの人に伝えたい一心で執筆いたしました。なぜならレジリエンスは専門家だけが分かっていても（といいますか、学者の間でも、あまりにも多岐の分野にわたり複雑で従来のアプローチに囚われない思考が要求されるため、理解されていないことが多くあります）あまり意味がないことで、これからの社会を築いていく上では、より多くの人が問題意識を共有し、協働していく必要があると信じるからです。一方ここで描いたことは、最新のレジリエンス研究の裏づけに基づいています。私は学者の一人として見られるため、オーソドックスな学問的アプローチ、つまり、ある論理、思考について、仮説を立てて、その存在（非存在）や適用性を論証、証明する、ということが期待されるのかもしれません。しかし、レジリエンスは、レジリエンス理論として確立されたものがあるわけではなく、学問的に多岐にばらばらに扱われてきたという特異な位置づけにあります。また現代リスク社会は、いまだ起きていないこと、目に見えないことも含まれ、実際に起きたことをただ検証していくやり方だけでは到底間に合いません。だからこそ東日本大震災やニューヨーク市の"Sandy"という、現代リスク社会を反映するような災害のケースに焦点を当て、様々な学問領域から抽出される思

考軸と実際を何度も行き来しながら、レジリエンスの考え方を磨き続け、それを実際にどう反映されているかを検証し続けていくというアプローチを取りました。またレジリエンスの要素に関わることは、1つ1つ点の視点だけみれば当たり前のことに見えるかもしれませんが、それを線で繋げて見ることによって、新しい発見が幾つも生まれました。このようなアプローチに関連して、レジリエンスのことをあまり深く知らない学者の方から「レジリエンス理論に関する教科書はありますか？」と聞かれることがあります。そういう時に上記のことを述べながらこの本の核心にあたる部分を説明させていただくのですが、ある災害リスク分野で第一線におられる学者の方からは次のようなメッセージを頂いたことがあります。「目から鱗というのか、非常によく理解できました。こうした背景説明があると全然見方が変わってきて、解説頂いてとてもありがたかったです。どうも学問的な考えでは、どこかに理論というか体系があって、それを適用するというように考えがちなのですが、そもそものアプローチが違うのですね。まさにプロセス自体が重要というのでしょうか」。学問的視点から見ても、レジリエンスを本当に理解するには、従来の学問枠やアプローチ方法を踏み台にしながらも、その枠や方法にしがみつくのではなく、そこから一歩自由にはみ出ることが大切になるのかもしれません。

＊　＊

　ここで長い執筆を終えるにあたって、この本の原点にもう一度立ち返ります。レジリエンスを追い続ける中で引き出された視座や視点を軸にして、目の前のことだけでなく、自分たちだけのことだけでなく、これから生まれてくる子供たちのこと、これからの社会のこと、そんな遠いところにも目を向けながら、協働知創造のレジリエンスに向けて一歩一歩、これからも歩いていきたいと思います。ピアノを弾くようにパソコンを打ち続け、書き続け、ここでようやく締めくくる今、やはり心はフィールドワークで出会った東北やニューヨー

クの素敵な人々に思いをはせます。
　天を仰ぎながら、東北やニューヨークの暖かい雰囲気に心を弾ませながら筆をおきます。

注釈

1. 日置道隆 「自然の力畏敬し共生を」 座標 河北新報 2011年7月16日
2. 例えば、Scott Jackson, *Architecting Resilient Systems: Accident Avoidance and Survival and Recovery from Disruptions*, A John Wiley & Sons, Inc. 2010 など。
3. 前野隆司 編著『システムXデザイン思考で世界を変える』日経BP社、2014年
4. Fiery Spirits Community of Practice, *Exploring Community Resilience in Times of Rapid Change*, 2011.
5. City Resilience Framework, Rockefeller Foundation 2014 など。
6. Allen L. Clark, "21st Century Paradigm Shifts in the Governance and Management of Disasters," Conference Paper, East-West Center, Hawaii, United States, 2013.
7. 本節は筆者による「アジア地域の人間安全保障：ダイナミックな変化への協働対応に向けて —リスクの複合連鎖がもたらす課題—」『安全保障論』（信山社）神余隆博、星野俊也他編 pp.311〜328、2015年 に基づき、編集したものである。
8. Asia Development Bank, *Disaster Risk Management in Asia and the Pacific*, 2013.
9. Debarati Guha-Sapir, Phillipe Hoyois, and Regina Below, *Annual Disaster Statistical Review 2012: The Numbers and Trends*. Brussels: CRED, 2013.
10. United Nations, *Global Assessment Report on Disaster Risk Reduction 2013*, 2013.
11. Demographia, *Demographia World Urban Areas*, 10th edition, 2014, pp20-41 (http://www.demographia.com/db-worldua.pdf)
12. McGranahan, Gordon, Deborah Balk, and Bridget Anderson, "The Rising Tide: Assessing the Risks of Climate Change and Human Settlements in Low Elevation Coastal Zones" *Environment & Urbanization* 19-1, 2007, pp.7-37.
13. United Nations Human Settlements Programme, *Cities and Climate Change Initiative Asia-Pacific: Regional Strategy*, 2011 (http://www.fukuoka.unhabitat.org/programmes/ccci/pdf/CCCI_ASIA_PACIFIC_REGIONAL_STRATEGY_end-March11.pdf)
14. United Nations, *World Urbanization Prospects: The 2009 Revision*. New York: Population Division, Department of Economic and Social Affairs, United Nations, 2010.
15. 同上
16. United Nations Human Settlements Programme, *The State of Asian Cities 2010/2011*, 2010.
17. 同上
18. 同上
19. Nancy B. Grimm, Stanley H. Faeth, Nancy E. Golubiewski, Chalrles L. Redman, et al. 2 "Global Change and the Ecology of Cities". *Science* 319 (5864), 2008, pp.756-760.
20. 復興庁、避難者数の数に関する資料 (http://www.reconstruction.go.jp/topics/main-cat2/sub-cat2-1/20140624_hinansha_suii.pdf)
21. 復興庁、発表資料 (2014年5月27日) (http://www.reconstruction.go.jp/topics/main-cat2/sub-cat2-1/20140527_kanrenshi.pdf)

22 石油天然ガス・金属鉱物資源機構（http://geothermal.jogmec.go.jp/energy/situation2.html）
23 農務省ホームページ（http://www.maff.go.jp/j/zyukyu/zikyu_ritu/011.html）
24 Oxfam International, *Rethinking Disasters: Why Death and Destruction is not Nature's Fault but Human Failure*. South Asia Regional Centre, Oxfam (India) Trust, New Delhi, p.1, 2008.
25 Allen Clark 博士（シニアーフェロー、East-West Center（米国））による研究ノート、2014 年
26 United Nations, *Hyogo Framework for Action 2005-2015, Mid-Term Review*, 2010-2011, 2011. p.50.
27 同上
28 D.E. Alexander, "Resilience and disaster risk reduction: an etymological journey," *Natural Hazards and Earth System Sciences*, 2013.
29 岡野憲一郎『続　解離性障害 ―脳と体からみたメカニズムと治療―』岩崎学術出版社、2011 年
30 調査は町が 8 月、全世帯 5190 戸に配布する広報に調査票を添付し、世帯の代表に回答を求めた。回収率は 22.1%。河北新聞（2014 年 11 月 1 日付）（http://www.kahoku.co.jp/tohokunews/201411/20141101_11015.html）
31 復興庁、記者発表資料（2014 年 7 月 31 日）（http://www.reconstruction.go.jp/topics/main-cat8/sub-cat8-3/20140731_kesankouhyou.pdf）
32 宮脇昭,『「森の長城」が日本を救う』河出書房新社、2012 年
33 岩沼市ホームページ（http://www.city.iwanuma.miyagi.jp/saigai/oshirase/0612senndnen.html）
34 朝日新聞 2014 年 6 月 7 日（http://www.asahi.com/articles/CMTW1406070400001.html）
35 河北新聞 2014 年 8 月 9 日（http://www.kahoku.co.jp/special/spe1062/20140809_03.html）
36 河北新聞 12 月 3 日（http://www.kahoku.co.jp/tohokunews/201412/20141203_11007.html）
37 東京大学 21 世紀 COE プログラム「先進国における政策システムの創出：比較政策システム・シナジー・コアの構築」（http://www.j.u-tokyo.ac.jp/coeps/aim2.html）
38 村山皓『政策システムの公共性と政策文化 ― 公民関係における民主性パラダイムから公共性パラダイムへの転換―』有斐閣、2009 年
39 清水美香：「東日本大震災のケースに見る日本の政策システム：現況と課題」、『国際公共政策研究』第 17 巻第 1 号, pp65-78, 2013 年
40 上野宏「政策工学試論：総合政策学, 公共政策学, 政策評価学への新しいアプローチ」未公刊論文、南山大学総合政策学部上野 研究室。
41 宮川公男『政策科学入門』東洋経済新聞社, 1995 年
42 上野真城子「日本の予算議論と政策決定に欠けるもの：政策インフラ　予算政策組織と政策分析、政策アナリスト」, 政策メッセ（明治大学）, 2012 年 11 月 17 日。
43 「日本の予算議論と政策決定に欠けるもの」, Journal of Policy Studies, No.41 July 2012 関西学院大学, 総合政策学部研究会, pp.113-140.
44 鈴木崇弘「国会事故調からの経験」政策メッセ（明治大学）、2012 年 11 月 17 日。
45 Mika Shimizu "Think Tanks and Policy Analysis: Meeting the Challenges of Think Tanks in Japan" (Chapter 14) in *Policy Analysis in Japan* edited by Yukio Adachi et.al. The Policy Press, 2015. pp.215-233.

あとがき

　1995年の阪神淡路大震災から20年。私はそのとき生まれてはじめて地震を経験し、明日が当たり前のようには来ないことを知りました。留学したいという気持ちへの迷いが吹っ切れたのもこの時です。時を同じくして、私が姉のように慕い、私より人一倍夢や希望に溢れて留学のために一緒に勉強していた友人が病気で亡くなりました。その2つの大きな出来事が、私を数年後米国ワシントンDCへと旅立たせました。それから約15年間米国で（12年ほどはワシントンDC、その後ハワイ）勉強し、仕事をし、そしていつの間にか研究者の道を歩いていました。亡くなった友人は10年分の夢をノートに書いてこの世を去ってしまいましたが、私は彼女の夢を追うように突っ走ってきました。2001年には同時多発テロ事件もあり、その時も現場からそう離れていない距離にいました。それでも、何かに守られて、有り余るほどの思いがけない経験や人々との出会いを経て、今これを書いている私があります。

　1998年に米国に留学してから、市民社会や分野横断的なアプローチを軸とする公共政策（Public Policy）の分野に出会い、それを柱としながら、はじめは気候変動、都市、環境問題、その後災害やリスクマネジメントの問題に向き合うようになりました。当初こうした問題が全て繋がっているとは思いもしませんでしたが、私達が直面する現代リスク社会では、本書に示すようにこうした問題が複雑に連鎖し続けている状況にあります。これまで過去15年間に総計60回以上日米を往復しながら、その狭間に身を置きながらこうした問題への問題解決方法を考え、そのうちレジリエンスという言葉に出会い、レジリエンスを軸に政策研究に携わってきました。なぜこうした研究をしているかというと、一言でいえば、人が好きだから、人を守るための社会をより良くすることに関わり

たいから、その一言に尽きます。

　研究者としての道を歩んできてずっと感じてきた「ジレンマ」があります。それは「論文」をいくら書いても、せいぜい同じ分野の専門家に読まれるだけで、ほとんどの人には読まれないこと。特にその研究の過程で見出すことのなかに、素敵なことも沢山あるのに、研究内容を一言で述べると、難しそうだねと言われることに終始してしまうこと。本当はそうではなく、分野を超えて、立場を超えて多くの人々に共有できるもの、共有したいものであるのに、なかなか「伝えられない」ことでした。米国の大学で教えてもらった先生に、当時博士論文を書いていたとき、「難しいことを難しいように書くな。君のおばあちゃんが読んでも判るように書きなさい」とコメントしてもらったことがあります。これは私にとっての長年かかっての大きな宿題になっていました。ただでさえ向き合っていると複雑すぎて寝込んでしまうようなレジリエンスや公共政策をどう分かり易いように伝えることができるのかと。その中であらゆる専門や立場の人々と出会い、議論しながら、こうした問いを問い続けることになりました。そうした長年の思いの塊（かたまり）がようやくこの本で実現しようとしていることは感無量です。いわばこの本は私が歩んできた足跡であると同時に、これからのはじまりでもあるのかもしれません。

　ここで、この本に使用している絵や写真の生みの親であり、また本書のアートディレクションも担当していただいたアーティスト山口和也氏について、同氏への感謝を込めて紹介させていただきます。本書の絵や写真はそれ自体の魅力だけでなく、画家、写真家という枠を超えた同氏のこれまでの制作活動が反映されているように思われます。同氏は人と人との間にあるものを意識し、様々なコミ

ュニケーションを介したユニークな創作活動を行い、アートと社会との関わり模索しながら自身でギャラリーもオープンしてこられました。そうした枠を超えた取り組みや、アート分野の再構築、再創造ということを中心に置かれた活動には、分野は異なるけれど、私が本書で追求したテーマとどこか似たところがあります。そうしたことがこの本に関わっていただく原点となりました。

　少し前のことからお話すると、日米を往復している間私の原動力となったヒーローの一人に、世界を代表する日本画家の千住博氏がいます。私は日本に帰国する度に、千住博氏の画集や著書を買い、そこに散りばめられた言葉から、日米の狭間を行き来する中でこれからどんな道を歩むかを考え続きました。同じ頃、山口氏は絵画の全国公募展でグランプリを受賞し、その副賞として滞在したニューヨークで千住氏と会い、その際に千住氏によって才能を見出され、弟子の一人となられていました。優秀な若手画家でありながら、千住氏のポートレート撮影をはじめられ、それをまとめた写真集の中で、私は山口氏の名前を触れることになります。それがもう10年以上も前。当時米国で同じように頑張っている人がいるんだな、と思ったことだけは記憶していますが、なぜかその名前はその後も私の頭の隅に残っていました。地球上のどこかで響きあっているといつかどこかで繋がる、私はその言葉をいつも信じていますが、やはりそういうことが起き、不思議な縁でその後日本で山口氏に出会うことになりました。

　私がこの本で使っている「点や線」、「木を見て森も見て」、「境界線」、「変化」といったキーワードは、レジリエンスや政策を見続けてきた中で湧き上がってきた言葉ですが、山口氏が音楽家と1対1でテージに立って描くKAKIAIKKOという絵のシリーズ（本

書の表紙の絵もその1つ）にも、それに似たテーマが散りばめられていることに気づいたときは驚きました。そうして山口氏の描く様々な絵をじっくり見ていると、さらにレジリエンスの思考が触発され、絵の向こうに見えるものを想像しながら、レジリエンスへの考え方がさらに深まっていくのを感じる事が出来ます。

そうしたことを背景に、本書では文章に補足的な写真や絵を用いない事がこの本にとって必要なスタンスというコンセンサスが生まれました。そのため、私から写真や絵について指示を出すことは一度もありませんでしたが、山口氏が描く線や何気なく撮ったような写真が、この本の流れの中にストンとおさまると同時に、新たなリズムをつくってくれているように思います。そういった大きな流れを見据えた山口氏の絵や写真、そしてアートディレクションが、私の上記のようなジレンマの氷を溶かしてくれ、言葉を超える力となって皆さんの心に響き、届いていると思います。

最後になりましたが、私のここまでの作業に連なってくださった全ての皆様に感謝の意を表します。この本のプラットフォームとなる研究を数年前から共同で一緒に取り組んでくださった米国East-West Center（東西センター）のAllen Clark博士は、レジリエンスや公共政策の様々な視点から知的にチャレンジなコメントをどこにいても海を隔てて投げてくださり、長年私と共に様々な政策研究に共に取り組んでくださいました。

私の研究室（京都大学防災研究所防災公共政策分野）の秘書である工藤由佳氏は、私の多岐にわたるリクエストにいつも快くこたえてくださり、私のこの本の制作に関わる細かな作業において力を貸してくださいました。同じ研究室の吉谷純一教授、および防災研究所の多々納裕一教授は、私のレジリエンス研究を温か

く見守り、東北・米国・欧州を駆け巡ってレジリエンス研究をする私を応援してくださいました。京都大学防災研究所のその他の先生方、宮野公樹准教授をはじめとする京都大学学生融合教育研究推進センターの方々、京都大学学術研究支援室（URA 室）の方々も学際的なアプローチを推進する上でご支援くださいました。

　学外では、この本に関わる研究や取材にあたり、この本で実名を書かせていただいている方をはじめ、東北やニューヨークを中心とする国内外の様々な組織や人々全ての方々にお世話になりました。お一人お一人のお名前はここでは控えますが、様々なワークショップではアドバイスやコメントを頂き、また問題意識を共有し、共感していただいたこと、熱心に議論に参画いただいたことは、この本を制作していく上で大きな助けになりました。また慶應義塾大学大学院システムデザイン・マネジメント研究科で授業を受け持たせていただいたことをきっかけに、同研究科の卒業生または在校生の小島あゆみ氏、八田孝氏、中本亜紀氏らを中心とした方々と、インフォーマルに「レジリエンス情報共有プラットフォーム」を創り、その後も引き続き関心をもって貴重な意見をくださいました。さらに、ワシントンDCでも2007年に有志の政策研究者らと立ち上げた「グローバル政策イニシアティブ（GPI）」では、世界各地の個人の研究者や実務家を縦横に繋げる取組みをしてまいりましたが、そこに連なってくださった方々、特に古賀慶氏（南洋工科大学（シンガポール））、五十嵐千恵氏（マンスフィールド財団）、吉田貴之氏（"no web no life"）らは、本書の下地になるような取り組みに参画し様々な貢献をしてくださいました。遠藤とあけ・ハワイ東海大学教授は、特に私の原稿に貴重なコメントをくださいました。

　さらに、この本に行きつくまで、様々な偶然の出会いから長年に

わたり、私の日々の取り組みを理解し、応援し、貴重なアドバイスをくださった、黒澤満・大阪大学名誉教授、足立幸男・京都大学名誉教授、上野真城子・関西学院大学前教授、鈴木崇弘・城西国際大学大学院客員教授、唐沢敬・立命館大学名誉教授、小池洋次・関西学院大学教授、安藤次男（故）立命館大学前教授、保井俊之・慶應義塾大学大学院特別招聘教授には特に謝意を表します。

　私の原稿をきめ細かく読んでいただき、どんなことにも笑顔で対応し続けてくださった京都大学学術出版会の編集者永野祥子氏、どこからともなく飛び込んできた私の本の構想を真摯に受け止め、執筆することを勧めてくださった同出版会の鈴木哲也編集長には本当にお世話になりました。

　さらに、この本の出版をご支援くださった京都大学教育研究振興財団に深く御礼申し上げます。

　そして、無茶をしながら走り続けてきた私をいつも見守り、いつ帰っても心から温かく迎えてくれる私の父母には、どんな言葉を尽くしてもこの感謝の気持ちを表しきれません。どんなときも人を思いやり、どんな逆境にあっても人を信じ、人との繋がりを大切にすることを教えてくれたのは母。そして父は、数え切れないほどの手紙を海を越えて送ってくれ、どこにいても心と心は繋がっていることを教えくれました。この本の完成は父母の心のサポートなくしてはあり得ませんでした。

2015 年 2 月 1 日

"レジリエンス"の再構築へ
―― 推薦の辞 ――

レジリエンスを政策デザインの最重要ガイドラインの一つに据えること――政策環境の変化・科学技術のブレークスルー・新たに判明した事実を踏まえての迅速かつ適切な軌道修正、予想される最悪のシナリオへの十分な備え、システミックな政策思考に裏打ちされた政策デザイン――の重要性はどれほど強調しても強調しすぎることはない。日本社会の行く末に憂いを懐くすべての方にぜひとも読んでいただきたい一冊である。

足立幸男（京都大学名誉教授・京都産業大学客員（専任）教授）

レジリエンス。近年頻繁に使われるが、いまだわかりにくい言葉だ。
本書は、「気づき」の視点に始まり「東日本大震災」等の事例を織り込みながら、現在や未来と向き合い多様性を活かし、想像力を駆使し学習・考察し続けるプロセスこそが、「レジリエンス」…今の日本人（社会）に欠けているが今最も必要な思考方法！…だと教える。正に日本の今後を考えるための必読書だ。

鈴木崇弘（城西国際大学大学院国際アドミニストレーション研究科客員教授（専任））

「協働知創造」の過程を経て社会のレジリエンスを達成することの重要性とそのための道筋を考究した一冊。レジリエンスの状態規定概念に留まることなく、むしろ、その実現プロセスやガバナンスなどに着目している。「協働知」の創造過程としてレジリエンスの獲得過程をとらえ、そのための体系を提案している。諸外国や国際機関等における取組の事例や、東日本大震災、ハリケーンサンディに対する対応や復興における取組等の中から社会のレジリエンスを高めていくための教訓も示されている。社会の一員としてレジリエンスを高めていこうとするすべての人々にとって有益な視座を与えてくれる好著である。

多々納裕一（京都大学防災研究所教授）

本書は、社会システムのレジリエンスはどのようにデザインされ得るのか、そのデザインの前提となる必要条件を、複雑な社会課題にソリューションを提供し社会に実装するシステム×デザイン思考のアプローチで可視化したものである。著者は復興、防災並びに地域イノベーション等の領域で、地域社会にレジリエンスをもたらす公共政策システムのデザインに特に注目し、政策創出の方法論を体系化している。著者の目は常に現場での実践知に注がれ、政策システムに関する一種のグラウンデッド・アプローチとなっており、著者が提案しようとしている政策デザインの方法論そのものが官民協創によるレジリエンスを具備している点が注目される。

保井俊之（慶應義塾大学大学院システムデザイン・マネジメント研究科特別招聘教授）

【著者】

清水 美香（しみず みか）

京都大学防災研究所社会防災研究部門特定助教。上智大学国際教養学部、慶應義塾大学大学院システムデザイン・マネジメント研究科にて非常勤講師歴任。在米日本大使館（ワシントンDC）、野村総合研究所アメリカ（ワシントンDC）、米国East-West Center（ワシントンDC/ハワイ）にて研究職に従事。安倍フェローシップ受賞（2009年）。その間、アメリカン大学国際関係大学院修士号、大阪大学国際公共政策研究科博士号取得（2006年）。専門は、公共政策、社会システムデザイン、災害リスクマネジメント。

【写真・絵】

山口 和也（やまぐち かずや）

画家／写真家　京都造形芸術大学卒業。人と人との間にあるものを意識し、とりわけ1対1の間合いで交わされた瞬間の集積、またはその痕跡としての絵画、写真作品を制作する。2000年関口芸術基金賞グランプリを受賞し、副賞としてニューヨークに滞在。日本画家 千住博や、ボクサー小松則幸を数年間に渡って撮影し写真集を刊行。現在は辰吉丈一郎の撮影を続けている。「絵でも写真でも同様に、その間合いで常に変化しながら明滅する光を捕まえようとしている。そしてその光が照らす彼方を意識しながら、その道程を画面に刻み込んでいく。瞬間の彼方には永遠があって、僕はその永遠を描写しようとしている。」
http://www.yncci.com

協働知創造のレジリエンス
――隙間をデザイン

2015 年 3 月 31 日　初版第一刷発行

著　者　清　水　美　香
写真・絵　山　口　和　也
発行者　檜　山　爲次郎
発行所　京都大学学術出版会
　　　　京都市左京区吉田近衛町 69
　　　　京都大学吉田南構内 (606-8315)
　　　　電　話　075-761-6182
　　　　FAX　075-761-6190
　　　　http://www.kyoto-up.or.jp/
　　　　振　替　0100-8-64677
本文デザイン　株式会社トーヨー企画
印刷・製本　亜細亜印刷株式会社

ISBN978-4-87698-200-4　定価はカバーに表示してあります
Printed in Japan　　　　　　　　　　©M. Shimizu 2015

本書のコピー，スキャン，デジタル化等の無断複製は著作権法上での例外を除き禁じられています。本書を代行業者等の第三者に依頼してスキャンやデジタル化することは，たとえ個人や家庭内での利用でも著作権法違反です。